만화로 배우는 잡학지식, 잡학툰

우리는 우주

한줌
천문대

알아두면 아는 척하기 좋은 천문학 TMI 대방출

태양계 편

글·그림 **김화인**

GOLDEN RABBIT

프롤
로그

초등학생 시절, 공중파에서 〈카이스트〉라는 드라마가 방영했다. 전 국민이 빠져들었던 〈모래시계〉 송지나 작가의 신작이 수재가 모여 있기로 소문난 카이스트의 캠퍼스 라이프를 다룬 작품이어서 부모님과 함께 일요일 늦은 밤에 챙겨 봤던 기억이 아직도 선명하다.

그 드라마를 통해 내 이상형 그 자체(지적인 외모 + 저음 + 안경)인 김주혁 배우를 알게 되었지만 이른바 '최애'는 따로 있었다. 바로 '민경진(강성연 배우분)'이라는 인물로, 자신을 외계인이라고 여기는 4차원 캐릭터였지만 그만큼 우주에 진심이라 인공위성센터에서 자체 인공위성 개발을 열심히 하는 학생이었다. 그녀가 우주와 인공위성에 관해 이야기를 할 때 보석처럼 반짝거리던 눈빛이 너무나 인상 깊었고, 덩달아 나도 우주에 관심이 가기 시작했다. 그렇게 나는 잠시 천문학자라는 꿈을 꿨다.

물론 중학교로 진학해서 진로 희망에 '천문학자'라고 써냈을 때, 그걸 본 선생님이 피식 웃으며 "네 성적에?"라고 말씀하셨고 나도 멋쩍게 웃으며 "그렇죠?" 라고 말하며 진로를 수정할 정도로 아주 찰나이자 얇게 꿈꿔본 것이었지만. 아무튼 그 뒤 나는 수학에서 인수분해라는 거대한 벽을 만나며, 수포자의 삶을 선택했고 천문학과는 전혀 상관없는 삶을 살게 되었다.

하지만 인생이란 한 치 앞도 모른다는 것을 증명이라도 하듯, 나는 지금 천문대의 녹을 받으며 살고 있다. 천문대에서 일하다 보면 천문학전공자들은 애니메이션 전공자인 나를 신기해하지만, 되려 나로선 천문학 전공자들을 보고 있는 것이 신기하다. 그것도 떼거지(?)로 보고 있다니, 천문학자를 꿈꾸던 어린 내가 보면 부러울 상황 아닌가? 이것이야 말로 성덕이라고 생각하면 직장생활이 꽤 유쾌해진다. 물론 내 업무가 위대한 우주의 비밀을 알아내려 미지의 최전선에서 고군분투하며 심오하게 연구하는 것은 아니지만, 미래에 나 대신 고군분투해줄 꿈나무의 길잡이 역할에 이바지하는 것도 꽤 멋지고 자긍심이 솟는 일이다.

부디 이 책을 읽고 있는 당신에게 내가 사랑하는 이 천문대의 매력이 조금이나마 전달될 수 있길, 그래서 이 책을 다 본 뒤에 "천문대에 견학 가볼까?"라는 마음이 들 수 있길 바란다.

마지막으로 이 모든 일이 가능하게 하신 주님께 영광을 돌리며 나의 모든 현재와 미래를 응원하고 기도해주는 사랑하는 부모님, 오빠, 새언니, 두 조카 그리고 이 책이 나왔을 즈음 합법적인 남편이 되었을 사랑하는 내 편 짝곰 씨, 앞으로 함께할 시간이 더욱 많아서 더욱 소중한 짝곰 씨네 식구들, 성격 나쁜 나를 내치지 않고 옆에 두고 애정을 나눠준 친구들, 이 책의 근간이 되어준 천문대 식구들과 부족한 작품이 이렇게 책으로 나오기까지 도움 주신 많은 분께 감사의 마음을 전한다.

"알다가도 모를 우주는 꽤 웃긴 구석이 많은 것 같습니다."

목차

1장

천문대는 처음입니다만...

아이엠 그라운드 자기소개하기

천문대는 처음입니다만...

[천문대] 천문 현상을 관측하고 연구하기 위하여 설치한 시설. 또는 그런 기관.

… 사전적 의미는 위와 같은데요.

천문대도 목적에 따라 여러 시설로 나눠지죠.

많은 사람들이 상상하는 연구 목적의 천문대는 한국천문연구원의 보현산 천문대와 소백산 천문대가 있죠.

보현산 천문대의 망원경은 1만 원짜리에도 그려져 있다고요!

또 일반 시민들이 자유롭게 별을 볼 수 있도록 주로 지방자치단체에서 건립한 시민 천문대 혹은 과학관 등이 있고요,

냥냥시와 함께하는 한여름 유성우축제

우와~ 저기에 왔봐요?

멋지다~

신기해!

마지막으로 우리 e-과학한 천문대처럼 천문학의 대중화를 위해 개인 혹은 기업이 세운 사설 천문대가 있는데요~

블랙홀 진짜 있음

효와요~ 효와~!!

블랙홀은 진짜 있어요. 촬영도 했대!

목적은 조금씩 다르지만 그 뿌리엔 천문학자들의 피, 땀, 눈물이 있단 것, 잊지 말아 달라...

끼이이아

천문대는 천문학과의 에밀레종 그런 건가... 어쩐지 돔 열 때 소리가 을씨년하더라니...

NGC224:안드로메다 은하

9

어디부터 어디까지가 천문학이에요?

천문학과를 전공한 학도로서, 천문학의 범주는 어디부터 어디까지라고 생각하세요?

소재 때문에 물어보는 건가요?

갑자기?

음~ 의학과 더불어 가장 오래된 학문 중 하나가

천문학이긴 한데요-

결과적으로 우주에 존재하는 모든 현상을 연구하는 천문학이야말로

세상의 모든 것을 다룬 학문이 아닐까요?

물리학과에게 물어보면 같은 답을 할 것 같은 이 기분은 ...뭘까?

'물리학이 먼저냐, 천문학이 먼저냐' 라는 주제로 싸움 붙일 수 있을 것 같단 말이지?

그런 논리라면 세상 모든 건 디자인으로 이뤄져 있다고 할 수 있는 거 아님?

흐흑~

처, 천재!!!

지구는 푸른 별? 초록별?

나야 늘 똑같지~

[삐]작가]
햄톤 스토리작가

어이~ 친구, 천문대에서 오늘도 안녕하시나?

나 너한테 물어 볼 거 있는데

사람들이 지구를 푸른별이나, 초록별이라고 하잖아?

이게 비슷한 것 같지만 미묘하게 다르단 말이지?

네가 생각하기엔 둘 중에 어떤 게 더 지구를 잘 표현하는 단어 같아?

음~ 내 생각엔 말이다~

지구에게 '별'이라는 표현을 쓰는 것부터 정정해주고 싶단 말이지?!

그런데 신작이 SF BL물이냐?!

초록/푸른 행성이 맞는 표현입니다!
지구는 행성이고 태양은 항성입니다. 둘의 가장 큰 차이로는
'스스로 빛을 낼 수 있느냐' 여부입니다.

도전! 책으로 만들기!

짜잔~!
여러분들과의 일상을 다룬
일상 교양 웹툰을
그릴 거예요!

자,
콘티도
나왔지롱!

음~
이과 사람들만 좋아할 것
같은데요?

천문학과 일상툰의
결합이라니…

너무 사적인
생각이네.

우린 오히려좋아!

당장 그리시죠!

훗,
너희들이 좋아할 줄
알았다!

오이그~♡

이 웹툰은 실화를 바탕으로 함.

12

2장

한 낮의 천문대

이 두 가지 단어를 조합해서 자기소개하면 십중팔구,

천문대 + 연구원

그럼 늦게 출근하고 해 뜰 때 퇴근하시겠어요…

라고 많이들 걱정해주시는데… 천문 지식을 그림, 영상화하는 업무라 굳이 저녁 출근 할 일이…

천문현상이 없으면 저희도…

잔업이 있으면 야근을 하지만요.

관측이 필요한 일은 많이 없거든요.

따지자면 연구소 업무는 사무직이죠.

예상과 달리 한낮의 천문대를 지키는 사람들이죠!

그래서 제목이 '한낮의 천문대'!

연구소가 특이한 경우이고, 오후에 출근해서 밤늦게 퇴근하며

천문학의 대중화에 앞장서고 있는 전국 천문대 직원들이 계십니다. 오늘도 수고하실 그분들에게 감사!

압도적 감사의 그랜절

조직

이야기하다 보니, e-과한 천문대에 우리 연구소만 있는 것 같지만,

e-과한 천문대는 여러 조직으로 구성되어 있고,

안녕하세요~

허허허~

연구소를 책임지고 있는 우리 거북 소장님!!!

그 수장으론 우리 쎄오님이 존재하십니다.

눈부셔!!

그저 빛, 쎄오님!!

좋은 상사의 표본!

마치 오바마가 살아 돌아온 것 같아!

오바마 살아있거든요?

그리고 그 옆에는 천문대의 살림을 책임지는 월급 요정, 비비님이 계시죠.

야—호!!

당신의 꿈 같은 월급이 입금되었습니당!

오오오!! 감사합니다!!! 이번 달도 열심히 살겠습니다!

그 월급, 들어오자마자 여기저기서 퍼가는 연구원은 여러분과 같은 월급쟁이란 사실.

월급이 로그인했습니다.

공과비 퍼가요

통신료 퍼가요

보험료 퍼가요

카드값 퍼가요

적금 퍼가요

월급이 로그아웃했습니다.

잠깐, 이럴 리가 없는데

꼭 천문학을 요약해보고 싶었습니다 1

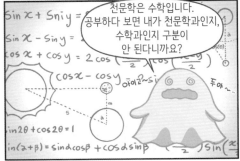

꼭 천문학을 요약해보고 싶었습니다 2

천문학이 어떤 학문이냐고요? 음 …

결국, 요약을 못해서 팀장님께 물어봄

두루뭉술하게 들릴 수도 있겠지만, 천문학은 눈에 보이는 우주의 지식을 습득한 뒤에

인간의 머릿속에 우주를 재구축하는 학문 같아요.

오~!!

그렇다면 천문학은 연금술이군요!!! 지식과 우주의 등가교환!!!

인체연성 당하고 싶어요?!!!

여러 번 시도했습니다만,
천문학은 알면 알수록 오묘한 학문입니다.
저는 아직 답을 못 찾았지만,
여러분이 생각하는 천문학은 무엇인가요?

연구 요정들

연구소에서 일당백을 하는 그들은 이름하여 연구요정즈!

쪼자 잠심

그런데 왜 요정즈의 이름은 예예, 게게, 제제인 거죠? 무슨 의미라도?

아, 그건 …

저희를 웹툰에 등장시키시겠다고요?

음~ 다른 사람들이 알아보면 곤란하니

아무도 모르게 얘, 쟤, 걔라고 해주시죠!

본인들의 요청으로…

버럭!

대놓고 그렇게 부르면 제가 뭐가 되겠습니까!

나름 더 포장해줬네요. 그러면 왜 외형은 요정즈만 유령이에요?

유령이라뇨! 그런 실례되는 말씀을!!!

팀장님과 나쁜 동물어요…

왜 나 쥐쥐느 햄보칼수가읍서!!!

논 자유의 모미 아냐~ 요태까지 그래와꼬~ 아패로도 ~ 케속~!!!

카아!

으하하

교수

하하~

나는 원한다. 자유!!!

당신의 눈엔 대학원에서 탈출한 자유로운 영혼이 유령으로 보이나요?!!!

대체 어디가…?

18

연구원들의 취미생활

연구원 n 년 차 예에의 취미: 여행

달려라~ 붕아!!

연구소를 벗어나! 새로운 곳에서 새로운 경험을!!!

연구원 n 년 차 제제의 취미: 기타 연주, 자전거나 보드 타기

부

앙!!

연구소에서 할 수 없는 것을 하며 힐링하는 거죠!

연구원 n 년 차 계계의 취미: 운동, 새로운 것 배우기, 스도쿠 풀기

그렇죠. 연구소 밖에서 새로운 경험이 중요한 거죠!

여유

여유

오~ 다들 업무와는 상관없는 멋진 취미네요.

역시 연구소를 벗어나야 진정한 자유란 건가?

취미: 최애 굿즈 만들기 (=업무와 동일)

취미: 그림 그리기 (=업무와 동일)

나름의 덕업 일치를 이루고 있는 두 사람입니다.

천문학자들이란…

　많은 사람이 천문학과에 진학을 한 사람들을 보면 그들에게서 '낭만'을 먼저 찾는다.

　하지만 내가 천문대에 입사해 지켜본 그들은 낭만보다, 숫자라는 현실과 실랑이 하는 사람들이었다. 대한민국에 현재(2023년 기준) 천문학과가 있는 대학은 8개로, 각 학교 커리큘럼을 보면 저마다 연구하는 세부 분야가 다르지만, 막상 일반인들이 로망으로 느끼는 '천체관측'을 필수로 하진 않는다고 한다. 오죽하면《천문학자는 별을 보지 않는다》(심채경 천문학자 저)라는 책이 나왔겠는가? 천문학과를 전공했는데, 천체 관측과 천체 촬영이 취미인 사람이 있다면 정말 지독히도 별을 사랑하는 사람으로 그리 흔히 볼 수 없다고 한다(하지만 우리 천문대엔 꽤 많다). 한마디로 천문학자들이란 저 하늘의 천체에 대해 물리학적 미스터리를 밝히는 것에 목표를 둔 사람들이지, 별자리의 전설과 생일 별자리별 성격 같은 것은 물론, 어떤 이는 밤하늘에서 별자리를 찾지 못하는 경우도 있으니 이 점이 궁금하다면 인터넷을 찾아보도록 하자.

안녕하세요, 천문학과입니다.
저희도 모르는 장소에 가서 밤하늘 볼 때
스마트폰 앱 켭니다.

그럼 20000

3장

천문대에서 일한다고 하면

천문대에서 일한다고 하면

여러분도 천문대에서 일한다고 하면 이런 일 종종 있지 않나요?

오! 천문대에서 일한다고?

HA!

HAH

그럼 화인 씨는 조난 당하면 별 보고 길 찾을 수 있는 거야?!

바다거북 스프 게임이야, 뭐야

… 무슨 일이 있으면 조난을 당하는 거죠?

후후후, 있죠~ 천문대에 대한 이상한 편견~

하하하.

별 이름을 다 외울 거라던가~

아이쿠, 저건~!!

끄으응~

거절수 있지!

저는 천문학과라고 했더니, 이달의 별자리 운세 알려달라는 말을 들었어요.

천문학과는 별자리도 연구하잖아요!

후후후후후후후~~

그래서 대신 타로카드점을 봐줬답니다.

어째서 볼 수 있는 거죠?!!!

짜잔~!

당시 취미였다고 합니다.

쌍둥이라 그런가…

팀장님~
저 질문이 있는데요!

네,
물어보세요~

이 별자리가
쌍둥이자리 맞죠?

그렇죠

자!!

그럼
이 별자리는요?

음…

아,
그것도 쌍둥이자리요.

그럼 이 별자리는요…?

아,
그것도 쌍둥이자리요.

…라?

네, 그렇습니다.

데헷!!

세 쌍둥이였어요?!!!

정해진 바 없습니다

별자리는 사실, 국제천문맹에서 정해진 별과 영역만 있어요.

오, 땅따먹기 같다!

하지만 이 별들을 잇는 방법은 제각각이죠. 나라마다 다를 수도 있고, 프로그램마다 다를 수도~

국제 천문학 연합 IAU는 별자리를 '경계(영역)'으로만 정의하고, 그 '모양(선)'은 정의하지 않은 채 모양이 다양할 수 있다고 밝혔다.

음… 정해진 바 없다라…

그렇다면!!

잠깐 스탑.

그렇다고 여러분이 막 그은 걸 공식으로 사용하진 않을 거예요.

…쳇!

공신력이라는 것을 무시하지 맙시다.

납득이 안 되네

입사 후 업무 중에 접한 천문학에 납득이 안 되는 것이 한두 가지가 아닌데

쟤요..

내가 뭘?

그중 가장 납득 안되는 건 바로 이 '북두칠성'에 대한 것입니다.

북두칠성이 큰 곰자리의 일부라는 건 알고 있었지만,

그건 니 생각이고~

뭐 이렇게 큰 곰의 코 부분이겠거니 했단 말이죠?

내가 뭘 ???..

그런데 북두칠성이 곰의 꼬리라니!!

버럭!!

이게 말이 된다고 생각합니까?! 너구리야 뭐야!!

…라고 생각한 적도 있었지만, 이것도 옛말이네.

피식

따탁!

아니, 이 별 두 개 이어서 사냥개자리라고 우기는 건 좀 너무한 거 아니냐…?

작은개자리, 여우자리, 화로자리, 망원경자리도 마찬가지!

좋아하는 별자리

연구소 모두에게 물어봅니다!
여러분들이 좋아하는 별자리는 무엇인가요?

마이크 준비완료!!

참고로 저는
처녀자리입니다!

저는 궁수자리!

좋아하는 이유는
생일 별자리여서요!

가장 무난한 사유를 가진 사람들

저는 오리온자리요!
가장 잘 보이잖아요! 찾기 쉽고!

M42도
눈에 보이고!

천문대 직원다운 사유를 가진 사람

M42:오리온성운

별자리를…
왜 좋아하죠…?

그러게, 굳이 왜…?
별이 중요한거잖아?

좋아…

그게
중요해요..?

물론 천문대 직원답게(?) 안 좋아하는 분들도 있습니다.

이상한 이유

저는 염소자리를 좋아합니다!

음? 찌 연권 님의 생일 별자리는 물병자리 아닌가요?

염소도 아닌 것이 물고기도 아닌 것이 산으로 가도 죽고, 바다로 가도 죽어서?

에~

에이에~!

그리스 신화에서 거인족 티폰이 나타나자 놀란 신들은 동물로 변신해 도망쳤는데 가축의 신 판은 주문이 섞여 상반신은 염소, 하반신은 물고기가 되었다고 한다.

뭐라는 거야, 그렇게까진 말 안했다?

… 이도 저도 아닌 게 우리네 인생 같아서 좋아하는 건가…?

사람이 왜 그리 시커매…

시커멓게 만들어주리?!

아, 저는 싫어하는 별자리도 있어요. 살쾡이자리!

오? 고양이 모양인데 의외네요?

살쾡이자리: 봄철 북쪽하늘에 있는 별자리로 쌍둥이 자리와 큰곰 자리 사이에 있다.

이 별자리 만든 사람이 살쾡이만큼 눈이 좋지 않으면 못 찾는 별들로 만든 별자리라잖아요!

후훗! 저 별자리는 살쾡이나 나 정도 돼야 본다구!

딱!

자랑하는거야 뭐야?!!!

놀랍게도 17세기 천문학자 요하네스 헤벨리우스의 실화라고 한다.

4장

덕질과 직업의 순기능?

출근길

천문대는 보다 많은 별을 볼 수 있도록 빛 공해가
적은 곳에 있어야 하기에 외진 곳에 있습니다.
저의 직장인 e-과한 천문대도 마찬가지죠.

숲 속의 작고 소중한 천문대~

그래서
대부분의 연구원은
자차로 출근합니다.
저도 마찬가지죠!

[속보] 방향치 김화인 작가, 운전면허 10년 소지자로 밝혀져 충격

자차로 오면
좋긴 한데,

위치가 위치인지라
폭우나 폭설 때는
목숨 걸고 운전해야 하죠…

주유비도
무시 못 하고
말이죠.

아침에 눈 뜨기에도 힘겨운
체력인데요?!!!

하하하~
그럴 땐 저처럼 자전거나
보드를 타고 출근하는 건
어떠세요? 운동 최고~

무슨 소리!
법의 보호를 받는
내가 짱입니다! 무면허 최고!
버스 파업하면 출근 안 해도
되지롱!!! 그런 적은 없지만!
으하하하하!!

HA!HA!HA AHAH

무면허, 그것은 또 다른 법의 보호를 받는 자라는 뜻.

천문대 모두가 기다리는 '점심시간'. 나가서 먹는 이도 있지만, 지리적 특성상 왕복시간이 아까워 도시락을 먹는 사람도 적잖은 천문대.

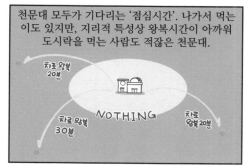

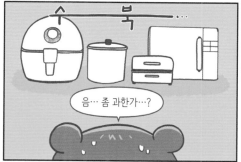

알 게 뭐야 우리가 지금 배부른데~!!!

오늘도 밥심으로 열심히 일하고 있는 e-과한 천문대 연구소입니다.

초록별은 왜?

음?
화인 연권 님 뭐 보고
계신 거에요?

아, 예예 연권 님.
이해가 잘 안 돼서요.

그렇죠?

빛의 스펙트럼엔 분명
초록색이 있잖아요?

그런데
초록색을 내는 별은 없다고
수정해달라고 하셔서요.
초록별은 정말 없는 건가요?

아~

초록색은
가시광선에서 중간 파장이라,
다른 파장도 비슷한 양으로 함께
방출되면 결국 섞여서 흰색으로
보이게 돼요.

그러니까~ 초록색 파장만 엄청 많이
방출되는 별이 있을 수도 있는 거죠?!
그쵸?!

어,없어요!
수정해요, 수정!

No more 수정!!

초록색 성운은
NGC6826이
있지만!

순기능

색 이야기가 나와서 말인데, 혹시 화인 연권 님은 하늘이 왜 푸르게 보이는지 아세요?

저 알아요! 그거 '레일리 산란' 때문이죠?!

번쩍!

어떻게 아는 거지?!

맞아요! 우주에서 지구로 들어오는 가시광선 중 대기의 매우 작은 분자에 의해 산란이 일어나는데 파장이 짧은 보라색과 파란색이 더 잘 산란돼요. 그중 우리 눈은 파란색에 더 민감해서 파랗게 보이는 거죠.

바쁘다, 바빠! 동전대산회 작렬!

으! 좁아~!!

구름이 하얗게 보이고, 비가 오기 전 하늘이 뿌옇게 보이는 건 '미 산란' 때문인데 구름 속이나 비 오기 전 대기에 다양한 크기의 물방울이 모여 있어 가시광선 모든 색 파장이 동시에 산란하기 때문이죠.

아…

머엉~

∞∞제9호

이나호가 말한 게 그런 뜻이구나…

이나호: TV애니메이션 '알드노아 제로'의 등장인물.
놀랍게도 레일리 산란으로 화성 공주의 관심을 샀다.

HAHA HA! 역시, 뜻을 알고 계신 건 아니었군요…

그래도 그런 단어가 있단 걸 안게 어디야… 이것이, 애니메이션의 순기능인가…?

제가 공부요?

예체능 인생만 살아오던 저로선 입사 후
천문학 공부가 최우선 과제였습니다.

우주인들의 훈련 과정이나
발사 과정은 굉장히
흥미진진하네요!

그렇죠?
그렇게 계속
공부하면
되는 거예요~
자 그럼,
이번엔~

하ㄴ전

썬당

썬당

우리,
상대성이론에 관해 공부해보도록
해볼까요?

저, 이제
천문공부 두 달 했는데 갑자기
상대성이론이요? 왜요?!!

꽝

잘 생각해봐요, 연구원님.
어려운 상대성이론을 이해하게 되면
다른 공부가 쉬워질 거예요.
(아마) 국내 최초로 이걸 이해한
웹툰 작가가 되지도?!!

오오!!!
나는 천재다!

능히 할 수 있다!!!

저 별이
연구원님의
미래!!

주의: 웹툰 작가님들 중에 가방끈 긴 분들 꽤 많습니다.

아름다운 여자의 마음에 들려고
노력할 때는 1시간이 마치 1초처럼
흐르지만 뜨거운 난로 위에 앉아있을
때는 1초가 1시간 같지. 그게 바로
상대성이야! 이해되었지?

나는 이해 할 수 없다…
나는 능이버섯이다…

아이코…
연구원님…

토독

다 울었어요?
이제 할 일을 하시죠.

흐아아아아
아아아아아아아아!!

저를 강하게 키워준 팀장님 덕에
ㅁ년째 천문대에서 살고 있습니다.

하지만 여전히 상대성이론과 양자역학은…

여름은 별 보기 좋은 계절!

칠석이라 은하수를 가로지르며 날고 있는 백조도 잘 보이고~

그래도 여름 천문대 이슈는 역시~

Summer!

오호츠크해 기단

으아아!! 오호츠크랑 북태평양 때문에 물터지네!!!

역시 장마로 인한 고립 아닐까요…

북태평양 기단

아… 그래도, 산속에 있어서 비로 건물이 잠기는 일은 없죠.

그러나 산속에 있어서 토사에 길과 건물이 매몰될 두려움이!!

간혹 도로 높이차로 워터파크 개장해서 쫄린다고요!!!

이런 상황에선 절대 운전을 하면 안 됩니다.

그리고 이게 공개되었을 즈음, 우린 폭설을 두려워하고 있겠지…

아 놔… 눈 때문에 고립되는 거 극혐…

으으응~!

허허허

고립도 고립인데…

눈 내리고 난 다음에 제설 작업만 생각하면!!!

제설 제설~ 삽을 들고서~1

제설 제설~ 녹가래로 밀어~

ccccc…

생각만으로 벌써 근육통이..!!!

올겨울의 연구소, 미리 파이팅 하십시오…

35

부록

별자리는 누가 만든 거야?

　과거에는 각 나라마다 다른 별자리를 사용했다. 우리나라도 고유의 별자리를 사용했는데 조선의 천문학자 이순지*가 쓴 《천문류초》와 조선 초 만들어진 〈천상열차분야지도〉 등이 그 증거다. 하지만 현재 사용되는 별자리는 기원후 150년쯤 그리스 천문학자 프톨레마이오스**가 쓴 《알마게스트Almagest》가 근간이 되었는데, 이는 고대 별자리 중 황도 12궁과 그리스신화를 바탕으로 한 별자리를 종합하여 만든 성도이다.

　15세기 항해술이 발달하며 사람들은 남반구의 별자리를 발견하였고, 16세기부터 17세기에 걸쳐 헤벨레우스***나 바이어**** 등에 의해 그 정의가 기록되었다. 하지만 이때까지 정리된 별자리들은 경계의 구분이 모호하여 혼란을 야기했기에 1922년 국제천문연맹*****에서 별자리 계통 정리를 제안했고, 1928년 현재의 88개 별자리가 확정되는데 별을 잇는 모양을 정의한 것이 아니라 하늘의 구역을 차지하는 영역을 정리한 것이다.

　즉, '별자리를 누가 만들었느냐보다 '별자리는 누가 정의한 거야?'라는 질문이 명확하며, 그 답은 '국제천문연맹이 정의했다'라고 할 수 있겠다. 왜냐하면 천체의 현 상태에 상관없이 어디까지나 지구의 인간 입장에서 보이는 대로 이름을 붙인 것뿐일 테니.

---

*　　　1406년 ~ 1465년. 조선 초기의 문신·천문학자. 한양의 위도를 묻는 세종대왕의 질문에 유일하게 답해 세종의 신임을 얻어 천문역산 전문가로 활약했다.

**　　고대 로마 시대에 활동한 그리스인 과학자이자 수학자, 지리학자, 천문학자, 음악가, 점술가로 기원후 1세 ~ 2세기 무렵에 살았다. 지구를 중심으로 모든 별이 회전한다는 천동설을 상당히 체계적으로 주장했다.

***　요하네스 헤벨리우스(1611년 1월 28일 ~ 1687년 1월 28일). 폴란드-리투아니아 연방의 단치히(그단스크) 의원이며 시장이었다. 또한 천문학자이며, 월면 지형학의 창시자로 명성을 얻었고, 새로운 별자리 10개를 묘사하여 그중 7개는 여전히 천문학자들로부터 인정받고 있다.

****　요한 바이어(1572년 ~ 1625년 3월 7일)는 독일의 천문학자이자 법률가이다. 1603년에 우라노메트리아에서 항성을 부르는 방법 '바이어 명명법' 발표했다.

*****　www.iau.org

5장

모두 다 그런 것은 아닙니다

외계인은 존재하는가

'천문학' 하면 절대 빠지지 않고 나오는 논쟁 중 하나! 그것은 바로!

"외계인은 존재하는가?" 입니다.

이 화분Ni고, 이 빛을 보세요!!

외계인은 존재한다, 그지 깽깽이들아!!

I WANT TO BELIEVE

멀더가 뭐만 하면 걔네 짓이라고 했단 말이야!!

아니, 내가 뭘 또 그렇게까지...

폭스 윌리엄 멀더: 미국 드라마 X-file의 남자 주인공으로 FBI X-file 부서 요원. 주요 대사 중 '이건 외계인의 소행이에요'가 있다.

… 라고 말하던 과거의 저를 몹시 때리고 싶네요. 부끄럽다.

천문대 연구원인 지금은 어떻게 대답할 건데요?

그 시절 당신은 그저 덕질에 불과했소...

음… 이젠, 칼 세이건의 말을 인용하고 싶군요.

"이 넓은 공간에 우리 인류만 있는 것보다 외계인이 있는 쪽이 더 재미있지 않을까요?"

우후후...

오... 나름 성장했단 걸 했군요?

칼 세이건: 미국의 천문학자로, '코스모스'의 저자. "우주에 지구에만 생명체가 존재한다면 그건 엄청난 공간 낭비" 라는 명언을 남겼다.

그러니까 닥터는 어서 타디스 타고 한국에 와서 지금 이 나라...

야, 스탑! 스탑!!

안동~지!!

닥터 후: 세계에서 가장 오랫동안 방영된 영국 BBC의 SF 드라마. 타임로드라는 종족의 외계인 '닥터'가 타디스를 타고 시공간을 누비는 모험극.

혹시, 우리 연구소 사람 중에서 외계인이 없다고 생각하는 분 계시나요?

아니오~

휴… 다행이다…

그럼, 우리 은하에는 얼마나 많은 외계 종족이 있을까요~

가능하면 그로구나 구스같이 귀여운 종족이 있었으면~

플러큰 종족이 귀여워…?

그로구: 드라마 '만달로리안'의 등장인물(a.k.a 베이비 요다)
구스: 영화 '캡틴마블'에 등장하는 고양이. 사실 외계 플러큰 종족이며 실체는…

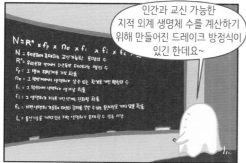

$$N = R^* \times f_p \times n_e \times f_l \times f_i \times f_c$$

인간과 교신 가능한 지적 외계 생명체 수를 계산하기 위해 만들어진 드레이크 방정식이 있긴 한데요~

프랭크 드레이크: 미국의 천문학자이자 외계 지적 생명체 탐사계획 'SETI'의 설립자. 태국 드라마 2gether와는 무관한다.

그것에 맞춰 계산해보면~

10/년 × 0.5 × 2
× 1 × 0.01
× 0.01 × 만년
이니까 10종이요!

40/년 × 0.33 × 2
× 0.33 × 0.01
× 0.01 × 백년
이니까 8.7종이요!

답이 다르다고?!!!! 그래도 되는 겁니까?!

이 정도 오차는 천문학에서 별거 아닌데요?

더 한 오차도 많은데요…

정말 알다가도 모를 천문학일쎄!

그렇게 깐깐하지 않아요

천문대에서 일하기 전엔 이과 사람들은 꽤 깐깐하다고 생각했어요.

대중매체에서 그런 이미지를 많이 만들긴 했죠.

천문학과에서 오차 범위를 크게 잡는 가장 큰 예는 역시 지구에서 데네브까지의 거리겠네요.

어떻길래 그래요?

데네브: 백조자리의 알파성. 지구로부터 워낙 멀리 있고, 변광성이라 정확한 거리 측정이 힘들다.

최소 1500광년에서 최대로 잡으면 7000광년까지?

그 무슨 같은 대한민국 땅이니 점심은 옆 건물 김밥집 가고, 저녁은 제주도에서 몸국 먹고 오자는 느낌입니까!!

아무튼! 그럼, 케이트와 민디 박사처럼 숫자에 집착하는 모습은 천문학자답지 않은 모습이로군요~

우리 모두 100% 퇴진다잖아요!!!

케이트 디비아스키와 랜들 민디 박사: 영화 '돈 룩 업'의 주인공. 각각 제니퍼 로렌스와 레오나르도 디카프리오가 연기했다.

그건 다른 이야기입니다.

모두 다 그런 것은 아닙니다

개인적으로 천문학과에 대한 편견 아닌 편견이 있긴 했는데요!

응? 뭐죠?

천문학과 사람들은 SF 영화랑 드라마를 다 좋아할 거라고 생각했어요…

와!!! R2D2!!!! 얘 스타트랙에 나오는 거죠?!!!

말살하라!! 말살하라!!!

어떻게 한 뻐에 적대 3개를 넣어서 말할 수 없지?!

달렉: 닥터 후에 등장하는 전투 종족으로 주인공 닥터의 오래된 적 중 하나. 후추통 아님.

아하하하…
그것 또한 대중매체가 만든 이미지죠.
그래도 마블영화는 다 봐요.

에이~
요즘 2~30대 한국 젊은이 중에 마블영화 안 보는 사람이 누가 있어요?

까르륵

까르륵

안녕하세요, '누'입니다만?!

이건 취향의 차이라고 합니다.

평범한 아이디어

그럼 이번 카드뉴스 주제는 뭐가 좋을까요?

평상시 궁금한 거 있던 분?

저요! 저요!

예전부터 라이트세이버에 대해 궁금한게 있었는데요!

지——잉

롸???

라이트 세이버: 스타워즈에 나오는 무기

빛은 직진하려는 성질을 가지고 있는데, 이 라이트 세이버는 딱 적당한 길이로만 나온단 말이죠? 관 같은 거로 막은 것도 아닌데요.

미스터의 원수!!

팅!!

앗

그리고 스톰크루퍼가 쓰는 블래스터의 빔을 라이트 세이버가 팅겨내는데, 빛이 빛을 팅겨내는 것도 가능한가요?

블래스터:SF 장르의 에너지 무기

쓸모없는데, 너무 구체적으로 궁금해하니 알려줘야 할 것 같잖아!!!

부록

라이트 세이버는 광선검이 아닙니다!

라이언 레이놀즈 주연 영화 〈애덤 프로젝트〉(넷플릭스 제작)에는 미래에서 온 자신이 사용하는 무기를 보고 어린 애덤이 "라이트 세이버네요!"라고 말하고, 미래에서 온 애덤은 "아니거든?!"이라고 되받아치는 장면이 나온다. 이렇듯 스타워즈에 등장해 SF 영화의 대표 무기가 된 라이트 세이버는 사실 빛의 입자 '광자'로 이뤄진 검이 아니다. 정말 광자로 이뤄져 있다면, 본문에서 말했다시피 칼 형태를 유지할 수 없다. 전자기장을 열원으로 가열된 플라스마를 검 형태로 사용하는 무기이다. 플라스마는 이미 현실에서도 플라즈마 절단기 등으로 사용되고 있기에 꽤 현실적인 무기이긴 하나, 영화에서처럼 안정화된 검 형태는 현실에서 아직 불가능하며, 빛이 나는 검이라 하여 편의상 '라이트 세이버'로 불리게 되었다.

스타워즈 덕후로 덧붙여 말하자면 흔히 스타워즈에서 나쁜놈(시스)은 빨간 라이트 세이버를 쓰고, 착한 놈(제다이)은 파란 라이트 세이버를 쓴다고 알고 있는데, 사실 라이트 세이버의 색상은 플라즈마를 컨트롤하기 위해 넣는 크리스털의 색상에 따라 달라진다. 그리고 그 크리스털은 총천연색으로 존재한다고 한다. 다만, 시스는 그 크리스털에 다크포스를 주입해 붉은빛을 띠게 되었고 시스가 나타나기 전엔 제다이 중에서도 붉은 라이트 세이버를 썼다는 공식 설정이 있다고 한다.

붉은 라이트 세이버를 쓰는 제다이라니!
쩐다!!! 우리도 보고 싶다!
제작진 너네만 알고 있지 말라고!!!

뭐래~

너 돈 많니? ㅋ

6장

의의, 이의, 의의

달라요, 달라

오늘의 논제: 에테르는 존재하는가?

의과

현재는 잘 사용하지 않지만, 에테르는 존재하죠.

H_3C ~ CH_3

의과

과거엔 이상적인 최고의 마취제여서 외과와 치과에서 전신 마취제로 썼죠.

이미 다들 알겠지만, 아리스토텔레스의 주장과 달리 에테르는 존재하지 않습니다. 빛은 매질이 없어도 우주에서 잘 움직이는 걸요?

흐음... 그렇게 말 할 필요는...

아리스토텔레스는 흙/불/물/공기 외에 에테르라는 제5원소가 우주 공간을 채우는 빛의 매질이라 주장했다.

에테르는 존재해요.

의과

그 에테르랑 이 에테르는 다르니까요

버~걱!!

아뇨! 에테르는 존재합니다!!!

에테르가 없었으면 에테라이트도 없어서 죽어라 뛰댕기거나, 초코보 타고 달려야했다구요!!!

그것도 에테르냐!!

게임 '파이널판타지'에서 에테르를 응축한 에테라이트를 전송마법에 사용한다.

의의 이의 의의

만화는 은근히 유익한 정보를 우리에게 줍니다.
여기서 깜짝 퀴즈! 태양계의 행성 순서는 어떻게 될까요!

어… 월화수목금토일
아니에요?

땡!!!

정답은 수금지화목토천해(명)!
바로 세일러문이 세일러 전사를 만난
순서입니다!!!

와…
저걸 저렇게 외우네요?

꾸러기 수비대로
십이지 한자 외운 거랑
같은 걸까요?

꾸러기 수비대: 동화 나라 원더랜드를 지키는
12명의 동물요정들의 모험극

이읠
있을!

화인 연권 님이 잘 못 알고 있네요.
비너스는 내행성 멤버 중 제일
마지막에 합류했습니다!

엄… 그럼 세일러문으로
태양계 행성의 영어 이름을
알게 되었다는 것에
의의를 두는 건…?

…콜!

굳이 그렇게 의의를
두어야하는 겁니까?!

49

개그 취향 안 맞아요

어딜 내놔도 부끄럽지 않은 연구소의 개그 캐릭터,
예예 연구원.

연권 님~
혹시 우주가 웃으면
뭔지 아세요?

우주가 웃어?
혹시 난센스예요?

그건 바로,
은하하하하하하!!!!!

푸하핫!!
은하하하래ㅋㅋㅋㅋ

저게 웃겨요?!
웃기냐고!!!!

하아, 어디 그런 말을
개그랍시고 하고 있담?

꼬ㅇㅇㅇ~ㅇ°°

다시 생각해도 피곤하니,
빨리 자자.

으아아아!!!
머릿속에서
떠나질 않아!!!!

취향에 안 맞아도 계속 듣다 보면 예며드는
예예연권의 개그였습니다.

서당개 3년이면 풍월을 읊는다고 저도 천문대 연구원 n 년 차이기에 쉴 때는 자기개발로 천문학 서적을 읽어요.

SF 만화도 그 천문학 서적에 포함되는 건 아니죠?

외않돼?

팀장님, 팀장님!!! 저 닐 디그래스 타이슨이 쓴 책을 읽다가 궁금한 게 생겼는데요!!!

뭔가요?

닐 디그래스 타이슨: 미국의 천문학자이자 헤이든 천문관의 관장. TV 다큐멘터리 "코스모스"의 내레이터로 유명함.

천문학자들은 정말 생일날이 되면, 이렇게 생일 축하 노래 불러요?

♬ 태양 한 바퀴 축하 합니다~ 태양 한 바퀴 축하 합니다~ ♪

아니요!!!!!!

-닐 그래이스 타이슨 저서 '기발한 천체 물리'에서 발췌

… 그런데 갑자기 그러고 나타나면 빵 터지긴 하겠네요.

아하!

PUHAHA!

다 같이 모여서 빵 터지니까, 빅뱅이겠네요!!!

천문대 n 년 차, 이과 개그는 오늘도 상승 중입니다.

일단 쉬어갑니다~

휴~! 여러분 덕에 드디어 태양계도 절반이나 써먹었네요!

우왕~ 수고했어요!

그런데 방금, 써먹었다고 하지 않았어요?

그럼 이제,

소행성대

목성

(으)로 넘어가는 건가요?

?!!

태양계를 다루는데 화성과 목성 사이의 소행성대를 빼 두면 안 되죠! 거기 중요한 소행성들이 얼마나 많은데요!

세레스, 베스타, 가스프라, 에로스, 아이다, 아포피스 등등~~!!

그런데 그 많은 소행성을 다 다룰 거예요? 사람들이 그걸 관심 있어 할까?!!

궁금할 수도 있죠!!! 재밌게 그리면!

응 그래~ 두 분 말이 다 맞아요~

그러니 이번엔 간만에(?) 여러분들을 소재로 삼겠어요!

이야기가 왜 그렇게 되죠?!

마치 우리 소재로 안 삼았던 사람처럼 말하지 마세욧!

연구소는 이렇게 부릅니다

연구소에는 별칭이 있는 천문학 인물들이 있습니다.

화인연권 님~

넹?

이 과정에 갈갈이요,
젊은 시절로 교체할 수 있어요?

아아~
갈갈이는 바로 가능하죠!

내가
왜!!
갈갈이야!!

단순히 이름을 줄인 별칭의 예:
갈릴레오 갈릴레이 = 갈갈이

연구원님,
제우스의 정실부인은
헤라죠?

그렇죠.

제우스의 난봉질보면
헤라가 질투의 여신이 된 건
후천적인 것 같은데…

에효…
제우스가 제우스 한거죠.

여자만 건드렸게요?
완전 얼빠여서 가니메데도
납치했잖아요!

아오!!! 제우스가 또!!!
완전 **또우스**잖아!!!

그렇게 말하면
나 섭섭해!

가니메데: 그리스 신화에서 빼어난 미모로 여자로 오해한
제우스가 납치한 뒤 올림푸스에서 술 따르는 역할을 시켰다고
전해지는 트로이의 왕자

그래도 저는 천문학자 중에서 제일 인상 깊은 사람은 티코 브라헤 같아요.

오, 이 몸 말인가?

튀코 브라헤: 덴마크 출신 천문학자(1546년~1601년)

귀족이었음에도 불구하고, 천문학자로서 초신성을 발견하거나 맨눈으로 혜성으로 관측하고 절충설을 주장하는 등 천문학에 지대한 영향을 주긴 했죠.

뭐, 업적도 인상 깊지만…

절충설: 코페르니쿠스의 지동설과 프톨레마이오스의 천동설을 절충시킨 이론

귀족으로서 고집이 세 수학 공식 두고 대립하다 결투해서 코가 잘리질 않나…

이 은과 금으로 된 코는 학자로서 내 자존심의 상징이오!

끝끝내! 귀족의 품위 차리느라 오줌 참다가 급성 방광염으로 죽은 게 너무 쇼킹했어요!!!

그래서 스스로 묘비에 "현명하게 살다 바보처럼 죽다" 라고 남겼대요.

하아…

헐….

Tycho Brahe

방광이 터져 사람이 죽을 수 있다고 생각한 적 있습니까?
일어날 수 있으니 각오해라.

한눈에 보는 태양계 행성 크기 비교

태양계에서도 이렇게
작은 지구인데...
우리의 고민은 정말
티끌만 한 것이구나...

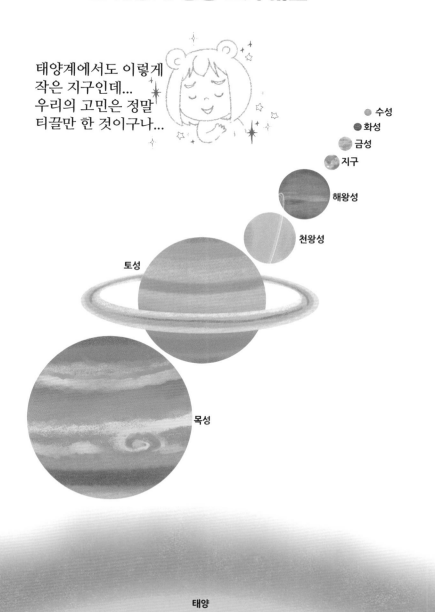

수성

화성

금성

지구

해왕성

천왕성

토성

목성

태양

7장

연구원, 이건 몰랐을걸?

알고 있었지만

아버지와 함께 우주 관련 다큐멘터리를 보며
천문학자의 꿈을 키운 제제 연구원.

저를
천문학도로 키운 것은
팔 할이
네*널지오그래픽
이었죠!

자식 낳아 봤자
소용없다더니, 쯧!

청소년 제제

음!
천문학에 진학하면
별 관측보단 수학 공부를
더 많이 하는구나!
각오해야겠는 걸?

천문학과의 실체(!)를 미리 캐치하고
마음의 준비를 했다고 생각한 그였습니다만…

와장창!

아무도
천문학=코딩이라고
말해주진 않았잖아!!!

그렇게, 저는
대학원을 진학하지 않고 천문대에
취직하게 된 것이지요.

아이쿠… 고생 많았네.
그런데, 제제 연권 님 ―

당신의 주 업무가 코딩인 건
… 괜찮은 겁니까?

하아… 혼자 있고 싶어요…
연권 님 나가주세요…

제제연권 님에게 코딩이란 카르마일지도…

천문 데이트

천문대 사람들은
데이트 코스로 별 보러 가는 거
어떻게 생각해요?

아,
그런 노래들 있죠.
'나랑 별 보러 가지
않을래~'

… 가볍게
겉옷 하나 걸치고 나가면
얼어 죽어요…
그리고 멋진 별자리 이름이
대체 뭐람?

음…

에리다누스
정도 돼야
멋진 건가?

이게, 이과화된
예체능의 모습인가..?

에리다누스자리:겨울철 별자리로 그리스신화에서 이승과 저승을
연결하는 에리다누스강에서 유례되었다 하며, 이탈리아의
포(Po)강의 그리스식 이름이기도 함.

물론! 천체관측이 취미이거나,
천체사진 촬영이 취미인 분들에겐 좋은
데이트 코스죠~

보여요?
저게 플레이아데스
성단이에요~

우아~

플레이아데스성단: 황소자리의 산개성단으로
주로 늦가을~겨울에 볼 수 있음.

ㄷㄷㄷ

그런데
자기

ㄷㄷㄷ

저…
추워요

아…
들어갈까요..

ㄷㄷㄷ

대부분 추워서 철수하는 거로
마무리된다는 게 문제지만.

역시 추위에는 장사 없습니다.

음~ 이번 주는 내내 날이 흐리네요.

그러게요…
목성 토성 랑데부 때는 날이 맑아야 관측이 가능할 텐데요…

목성 토성 랑데부: 토성과 목성의 각거리가 0.1도 정도로 작아져
두 행성이 하나로 보이는 현상

아, 맞다.
흐린 날 관측 이야기가 나와서 말인데요, 예전에 이런 일이 있었죠.

응? 무슨 일이죠?

아, 수고 많으세요. 오늘도 관측하나요?

네, 천문대입니다.

아, 오늘은 비가 와 관측 수업은 진행하지 못할 것 같습니다.

아니 왜요?
비 온다고 별이 안 뜨는 건 아니잖아요? 배트맨 불빛도 비오는 날에 잘만 비추던데요?

그거랑 망원경이랑은 전혀 다른 원리인데요?!!!

놀랍게도 이것은 실화라고 합니다. (소오름)

천문대 vs 기상청

연구소의 연례 프로젝트! 그것은 바로! 천문달력 만들기!

천문대의 달력은 특별합니다.

월력과 그날의 천문현상 심지어 일출과 일몰, 월출과 월몰 시간까지도 담겼거든요!

연권 님들이 취합한 자료에 맞춰 내가 삽화를 그리고!

내가 출판 디자인을 한다!!!

이 천문력을 보고 천문대에서는 관측행사를 미리 준비하는데요.

내일 유성우 관측회인데 날씨는요?

기상청에서는 내일 종일 화창하대요.

······

아오~!! 기상청!! 너네만 믿었건만!!!

선배들이 있는 곳이라 욕도 못 하겠고!!!!

아··· 천문기상학과면··· 기상청에 선배들이 있을 수도 있겠구나···

아아··· 가깝고도 먼 사이··· 그것은 천문대와 기상청···

부록

천문대에 가자!

천문대 연구소에서 일하고 있다 보면 "천문대는 어떻게 하면 방문할 수 있나요?"라는 질문을 자주 듣는다. 본문 초반에 언급한 바와 같이 국내에는 연구목적의 천문대, 시민천문대(과학관), 사설천문대의 분류로 약 50여 개 이상의 천문대가 운영 중이다. 이 천문대들은 생각보다 우리의 생활권에서 많이 멀지 않은 곳에 있어서 찾아가기가 어려운 편은 아니다.

다만 본디 천체라는 것이 어두운 밤하늘에서 주로 관측되는 것이라 원활한 운영을 위해 사전 예약제로 진행이 되는 경우가 대다수이기에 무작정 천문대로 가는 것이 아니라, 각 천문대의 홈페이지에 있는 예약 시스템을 이용하길 추천한다.

밤에 이동이 녹록지 않은 경우에는 민간에 공개된 천문대들은 보통 주간 운영도 하는데, 작게는 천문대 내부 전시관을 관람하거나, 혹은 태양 관측 망원경으로 태양의 흑점을 관찰, 천체 투영기 상영 등을 이용할 수 있다.

일식이나 월식, 유성우 같은 '우주쇼'가 있는 시기야말로 천문대*가 가장 활성화되는 때여서 특별 프로그램도 운영하는 경우가 많으니, 관심이 있으면 반드시 확인해보길 바란다.

다시 한번 말씀드리지만… 비 오거나, 구름이 많은 날은 천체 관측이 안 됩니다!

---

*　　국내 천문대 목록 : https://astro.kasi.re.kr/learning/pageView/6388

8장

천문대의 꽃, 망원경

천문대의 꽃

천문대의 상징은 역시 관측 돔!

관측 돔은 역시 관측할 때 따뜻하라고 있는 거겠죠?

꺄자 갔——!!

보통 천문대의 관측 돔에는 대형 주 망원경이 있어요.

큰 크기와 무게, 그리고 몸값(?) 때문에 관측 돔에 고정으로 설치하고 관측하는 거랍니다.

연구용을 제외하고 현재 국내 최대 크기의 망원경은 국립대구과학관 천문대의 주 망원경으로 지름이 1m이다.

한마디로 관측 돔은 주 망원경의 집이라고 생각하시면 돼요.

그렇게 말하니까, 주 망원경의 주가 집 주 같이 들리네요.

…

… 아니죠?

Main telescope여서 주 망원경 맞습니다.

한낮의 망원경

주로 밤에 천체 관측하는 데 사용되는 실습용 망원경은 낮에는 무엇을 할까?

망원경도 오래 쓰기 위해선 주기적으로 점검을 하고 정비한답니다.

천체자격!

태양 필터

태양 흑점과 일식을 관측할 땐 상이 맺히는 부분에 흰 종이를 대고 관측하거나,

이렇게 태양 필터를 끼우고 직접 태양을 볼 수 있죠~!

직접 관찰하는 것을 직시법, 흰 종이에서 관측하는 것을 투영법이라 한다.

투영법으로 보면 이렇게 불장난도 가능해요! 착한 어린이들은 따라 하지 말라고 말하지만!

직직직지~

나쁜 어른이는 망원경으로 달고나 만들기가 가능한지 궁금해지는데요?!

아마 가능할 것이지만, 나쁘든 착하든 시도하지 맙시다.

망원경이 렌즈로 멀리 있는 것을 크게 보이게끔 하는 원리라면, 구름이 없는 한낮에도 멀리 떨어진 천체를 볼 수 있는 거 아닌가요?

그걸 그렇게 이해하는 사람이 있네?

꼬장도 내 주변에!

빛이 있으라아—!

정확히 말하자면 천체관측은 천체에서 구형으로 퍼지는 빛을 관측하는 건데,

멀

팍...

천체는 굉장히 멀리 있어서 그 빛 중 아주 적은 빛만 지구로 오기 때문에, 망원경으로 굴절식이나 반사식으로 빛을 모아 더 잘 볼 수 있게 해주는 거란 말이지…

예를 들어, 빛이 개미이고, 개미지옥(?)이 망원경이라고 친다면 낮에 관측이 어려운 이유는…

팀장님?

그건,개미지옥에 개미를 덤프트럭으로 부어서?! 요컨대 과부하?

과부하는 팀장님이 오신 거 같은데요?!!

당연한 걸 이렇게 풀어 설명해줘야 해서 곤란한 사람이 있습니다.

첫 관측

오늘 천문대 출근 첫날인데, 관측해보고 갈래요?

오오 정말요?!

드디어, 인생 최초로 사진으로만 보던 멋진 밤하늘의 천체를 내 눈으로 보는 건가!!!

ⓒ이상훈

… 아? 음… 어? 뭐죠, 이 먼지 같은 건? 망원경이 아니라, 현미경을 보고 있는 건가?

몇 년이 흘렀지만, 그날의 실망과 충격은 잊히지 않아요. 내 우주가 부정당한 느낌?

우리가 보던 천체 사진이 밝기와 색지수 등 노출시간을 길게 줘서 찍은 많은 사진을 한 장에 합친 결과물이었다니…

한마디로 천체사진은 뽀샵빨이잖아요!!!

아니, 맞는데! 틀려요!! 맞는데 다르다고!!!

아직 망원경으로 관측을 못 해보신 분들은 각오하고 가세요.

67

취미는 관측?

어두운 밤하늘에서 천체를 찾는 것도, 자꾸 하다 보면 잘하게 되나요?

그럼요~ 우리 천문대에 전설적인 분이 계시는데, 관측을 위해선 극축 정렬이라는 것을 꼭 하잖아요?

극축 정렬: 적도의식 가대 기준이 되는 회전축을 지구 자전축과 평행해 지구의 북극 방향에 맞추는 일

되는데요?!

그분은 망원경을 발로 툭툭 건들면 극축 정렬이 되어 있다는 전설이!!!

그게 말이 됩니까?!!!

믿거나 말거나~

저도 관측에 매력을 느껴서 취미로 관측을 하게 되면 좋겠네요.

오오~! 이러다가 연권 님 메시에 마라톤 나가는 거 아니에요?!

멏져, 멏서!

메시에 마라톤: 하룻밤 동안 가능한 많은 메시에 천체를 찾아내는 아마추어 천문가들의 행사

시간은 흘러 현재…

연권 님~ 오늘 연천 관측 간다는데 같이 가실래요?

추워요!!! 안 가!!!

안타깝게도 취미는 못 되었다고 합니다.

그러고 보니 학부 시절에 이런 소문이 있었죠.

게게야, 너 천문학과라고 했지? 그 소문이 사실이야?

무슨 소문?

아 왜~ 천문대에 좋아하는 사람이랑 같이 가면 CC가 된다는 소문 말이야~ 못 들어썽?

와… 이 무슨 스위티한 댕댕이 소리가 있담?

꺄!

남의 학과 천문대를 사랑의 랜드마크화 하다니…

그리고 내가 여기 같이 온 남자 선후배만 해도 몇 명인데, 그게 말이 되냐~

어머 오빠~ 앞이 잘 안 보여요~

후후, 오빠 손 잡아. 멋진 별 보여줄게.

얄콩♪

달콤♪

아!!!!! 이 으슥한 곳에 있는 천문대 오는 건 천문학과생과 흑심 있는 사람들뿐이어서 그랬구나!!!

유레카!

로맨틱. 성공적의 메카, 천문대로 오세요.

부록

눈으로 볼 수 없는 별자리

앞서 별자리는 국제천문연맹에 의해 정의되었다고 말한 바 있는데, 사실 우리가 모르는 별자리가 존재한다. 심지어 눈에 보이지 않는 형태로 말이다.

2008년 NASA를 주체로 하여 우주의 수많은 천체 중 파장이 짧고 강력한 에너지인 감마선을 방출하는 천체를 검출할 수 있는 페르미 감마선 우주 망원경이 발사되었다. 그리고 시간이 흘러 2018년… 페르미 망원경 발사 10년을 기념으로 하여 그동안 쌓인 3,000여 개의 천체를 연결하여 이른바 '감마선 별자리'를 만든 것이다.

이것이 흥미로운 것은 별자리의 형태이다. 총 21개의 감마선 별자리는 현대에 정리된 별자리답게 페르미 망원경 자리, 아인슈타인 자리, 세턴 V 로켓 자리, 슈뢰딩거의 상자 자리 등 과학과 관련되거나 에펠탑 자리, 콜로세움 자리, 후지산 자리, 오벨리스크 자리 같은 랜드마크 별자리도 있지만 어린 왕자 자리나, 묠니르 자리, 헐크 자리, 심지어 고질라 자리 등 문학이나 영화 등에 나오는 것을 별자리로 만들기도 했다.

 비록 이 별자리가 국제 천문연맹이 인정하는 공식 별자리는 아니지만, 저 밤하늘에 내가 좋아하는 장르의 별자리가 있다는 것만으로 마음이 웅장해질 수 있는 것 아닌가! (최소한 나는 그러하다) 혹시 이 글을 보고 관심이 있는 사람은 https://fermi.gsfc.nasa.gov/science/constellations/ 에서 직접 확인해보시길!

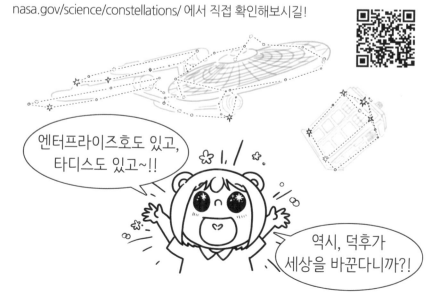

9장

우주에서 살아남기, ㄱㄴ?

팀장님, 지구의 환경 문제와 인류 포화 문제를 해결하기 위해 우주 진출 도전을 하고 있잖아요? 어떤 방법이 있는 거예요?

크게 행성 이주와 테라포밍이라는 방법이 있지요.

골디락스 존에 있는 지구와 흡사한 행성을 찾아 인류를 이사하는 방법이 행성 이주고요,

골디락스 존: 태양 같은 항성에서 너무 멀지도, 너무 가깝지도 않은 생명체 거주 가능 영역

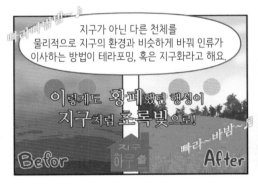

지구가 아닌 다른 천체를 물리적으로 지구의 환경과 비슷하게 바꿔 인류가 이사하는 방법이 테라포밍, 혹은 지구화라고 해요.

이렇게도 황폐했던 행성이 지구처럼 초록빛으로!

Befor

After

그럼, 지구를 통째로 다른 항성계 골디락스 존에 가져가는 건 어떤 방법에 해당하죠?

아, 쫌!!! 말이 되는 소리를 해요!

놀랍게도 이 방법을 시도하는 영화가 "유랑지구" 되겠습니다.

돈! 돈!! 돈!!!

그런데
행성 이주든, 테라포밍된 행성을
가든 돈이 들잖아요?
1인당 얼마 정도려나?

아하하,
아직 그럴 행성이
마련된 게 아니라
잘은 모르겠지만

음...

민간인으로만 구성된
우주여행이 1인당 5,500만 달러였다고
하네요. 우리나라 돈으로
675억 4천만 원 정도?

슈웅!

스페이스X 우주선 탑승과 8일간 국제우주정거장
ISS 숙박, 식사비 포함된 금액

67,540,000,000

머스크
네 이놈-!

맞아! 그거면 강남에
아파트가 몇 채냐!

와!! 차라리 그 돈이면
지구에서 편하게 살겠다!!

그 돈이면 정부 청사
이사하고도 남네!!!

훗, 저 모습은 마치…

우습군,
유치해라~

로또를 사지도 않고,
로또 당첨되면 뭘 할지
고민하는 자들의
모습이구나.

그러고 보니 2019년에 노벨물리학상을 받은 분들이 외계행성을 발견한 분들이었죠.

오?

미셸 마요르와 디디에 쿠엘로는 무려 1995년에 헬베티우스의 외계행성을 발견한 공로를 인정받아 수상했는데요,

헬베티우스: 지구로부터 페가수스자리 방향 50.45광년 떨어진 G형 준거성의 항성. 외계행성을 거느리고 있음이 최초로 확인된 천체

이분들의 발견으로 이후 은하수 안에서 4,000개가 넘는 외계행성이 발견되어 천문학에 큰 업적을 남기셨죠.

EXO PLANET

빛의 파장이 달라지는 '도플러 효과'를 이용해 외계행성의 존재와 질량을 계산했으며, 현재까지도 가장 널리 활용되는 외계행성 탐색 기술 중 하나다.

우와!! 그럼 그분들은 제2의 지구를 찾을 방법을 알고 있지 않을까요?!

미셸 박사님께서 노벨상을 받고 말씀하시길…

올~;;

외계행성은 아~~~~~~~~~~~주! 아주 멀리 떨어져 있다, 인간 놈들아!! 외계행성이 주는 완전히 미친 짓이니 있는 지구나 잘 보존해라!!!

…라고 하셨습니다.

도대체 뭔 뜻이냐는 손짓!

전문가의 말씀이니, 우리 지구 푸르게~ 푸르게~

76

역시 새로운 행성 거주는 쉽지 않은 방법이네.

음… 우리가 거주할 수 있는 새로운 환경을 찾거나, 자연을 돌이킬 수 없다면…

뿌———!

없다면?

인간이 바뀐 환경에 맞춰 진화하는 게 더 쉽지 않을까?

STAY!!

확실히 인터스텔라에서도 3차원의 우리 문명이 5차원 문명으로 진화된 희망적인 모습을 보여줬지!

키아아아

하지만 "더 타이탄" 같은 절망 편도 있다는 걸 잊지 말라고?

텁!

으아아아!!! 가르간티아도 절망 편이었어!!!

더 타이탄(할리우드 영화), 취성의 가르간티아(TV 애니메이션) 모두 인류가 생존하기 위해 어떤 선택을 한다.

77

지구상 가장 완벽한 생명체

인류가 어떤 방향으로 진화를 하는 게 우주에서 살아남기 좋을까요?

딱 이렇다 할 건 없지만… 아! 물곰을 모델로 잡으면 어떨까요?

물곰?

물곰은 지구상에서 가장 강한 생명체인 완보동물이예요. 영하 273℃, 영상 151℃ 에서도 생존할 수 있고

두

둥!!

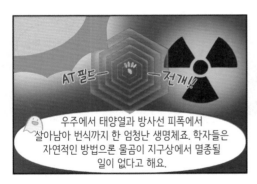

AT 필드 ── ──전개!!

우주에서 태양열과 방사선 피폭에서 살아남아 번식까지 한 엄청난 생명체죠. 학자들은 자연적인 방법으론 물곰이 지구상에서 멸종될 일이 없다고 해요.

오오! 그런 완벽한 모델이 지구에 있었다니! 당장 진행시켜!!

아, 딱 한 가지 물곰에게도 약점이 있어요.

지끈~!!

적응 시간 없이 온도 변화가 심한 경우엔 죽을 확률이 높다네요.

… 요즘 같은 일교차에도 살아가는 인류가 어쩌면 최강자일지도 모르겠네요…

테라포밍이죠! 벌써 3D프린팅의 기술은 정점에 달했는 걸요?!

과연 어떤 방법이 더 빨리 실현되려나…?

그것보단 지구와 최대한 비슷한 행성을 찾는 편이!!

뭐이?!

불!!

쑥!!

뭣!

어느 세월에 테라포밍이나 지구 같은 행성을 찾아요! 인류가 진화하는 게 최선입니다!

예루~!!

한 가지는 확실하게 알겠다.

테라포밍이 가능성 높지!!

시끌

연체공학 무시하심?

시끌

화성의 가능성에…

어떤 방법을 시도하던 내 임종이 가장 빠르겠네.

뉘예뉘예~..

내 다음 세대에선 이 문제가 해결되려나?

천문학계 대논쟁의 시대

1920년, 천문학계에서 흔히 '대논쟁'이라 불리는 토론이 있었다. 이는 우주의 규모에 대한 것이었는데 천문학자 할로 섀플리*는 태양계가 있는 우리은하가 우주 전체이며 안드로메다도 우리은하의 일부라고 주장했다. 이에 히버 커티스**는 안드로메다는 우리은하 밖에 있는 외부은하라고 반대되는 의견을 주장했다.

이 논쟁은 3년 뒤 에드윈 허블***의 연구에 의해 우리은하 밖에는 2천억 개 이상의 외부 은하가 존재하고, 안드로메다도 그 중 하나의 일부로 밝혀졌다.

그리고 2차 대논쟁이 시작되었으니 그 주제는 바로 "암흑 에너지는 존재 하는가?"이다. 암흑 에너지란 전 우주에 존재하는 우주를 팽창시키는 가상의 에너지로, 이론적으로는 단순한 진공 에너지의 모형이라고 한다. 그러나 아직은 인간이 관측할 수 있는 확실한 방법이 없어 존재 여부는 여전히 뜨거운 논쟁거리다.

이렇듯 과학에 있어 서로 다른 의견을 가진 사람들이 각자의 주장을 하며 다투는 것은 진실을 향해 여러 방법을 모색하는 과정에서 인류가 발전된다는 의미에서 '논쟁'을 이롭게 사용하는 것이 아닐까?

---

*   할로 섀플리(1885년 11월 2일 ~ 1972년 10월 20일)는 미국의 천문학자이다.

**   히버 다우스트 커티스(1872년 6월 27일 ~ 1942년 1월 9일)는 미국의 천문학자이다.

*** 에드윈 파월 허블(1889년 11월 20일 ~ 1953년 9월 28일)은 미국의 천문학자이다. 1924년 안드로메다 성운이 우리 우주에 속하지 않는다는 논문을 발표했다. 1929년에는 우주가 팽창하고 있다고 발표했다.

10장

지구에서 가장 ○○한 태양!

천문대 퀴~즈!!!

짜ㅡ잔!

이것은 태양계의 유일한 별입니다. 지구에서 낮에도 관측 가능한 별이며,

의외로 우주 상위 1%에 속하는 G형 주계열성에 해당하는 이것은 무엇일까요?

아무리 인형극 테스트용 대본이지만, 이걸 모르는 어른이 있을 리가…

정답은 바로 '태양'!!

도입이라지만, 관객들을 너무 무시했나요? 하하하하~

그런데 이거 샘플 인형 잘 나온 것 같아요. 굿즈로 뽑고 싶다~

태양이… 유일한 … 별이라고…?!!

쩌… 쩐다!!

천문대에 입사해서 태양이 별이라는 것을 알게 된 찌 연권의 실화로 그렸음.

일식의 전설

태양 관련된 가장 큰 행사는, 태양의 일부나 전부가 달에 가려지는 '일식'이죠.

부분 일식　금환 일식　개기 일식

일식과 월식에 대한 전설은 많지만, 그중 국내에서 가장 유명한 전설은 바로 불개전설!

그 전설을 들으면 전, 이런 생각을 해요.

뭐지? 이과 놈이 또 팩트로 때릴 셈인가?!!

심기　불편

왕 큰 댕댕이가 우주 어딘가 있으면 좋겠다~ 이왕이면 갈색 푸들~

멍!

꺄~♥

왕 큰 댕댕이는 모르겠고, 왕 큰 고양이 젤리랑 고양이 눈은 있어요.

심장아 날뛰지 마!

크흣! 심장에 유해해!!!

NGC 6334:고양이 발 성운 , NGC 6543:고양이 눈 성운

"'절대' 태양을 향하지 마시오"

으아아!!
내 눈이 타들어 간다!!!!

끼아아~~!

일식 관측 때 천체 망원경에 썬 필름을
붙이거나 일식 관측용 안경을 착용하지만,

이런 장비가 없을 땐
바늘구멍 사진기 원리를
이용하면 좋아요.

이크!
오늘 부분 일식이잖아!
대충 이걸로 봐야겠다!

몇 년 전 부분일식 때
저는 뻥튀기에 구멍을 내서
관측했답니다!

오오! 신기해!!!

······

태양이 다 가려지려면
더 기다려야 해?

버럭!

오늘은 부분 일식이거든요?!
그리고 일식이 그렇게
순식간에 되는 게 아니야!!

2022년 5월 1일에 진행된 부분일식은 오전 3시 45분에 시작,
7시 38분에 종료됨 (한국시간 기준)

자기장으로 인해 태양의 표면 온도보다
1,000℃ 낮아 어둡게 보이는 태양의 흑점!

평균 태양의 표면온도는 5,800K이지만, 흑점은 4,000~5,000K

서양에선 17세기에 갈릴레이가 망원경으로
흑점을 관측한 기록이 있고,

내가
'그래도 지구는 돈다'라고
말한 적은 없지만, 흑점을 누구보다
빠르게 관측한 건 맞다네!

흠!!

중국에서는 기원전 28년 처음
흑점을 언급한 기록이 있고, 한국에서는
서기 640년에 삼국사기 고구려 본기에 흑점에
대한 기록이 있죠.

'삼족오'의
군웅이 흑점?

黑 子

뭣?! 내가
최초가 아니었어?!!!

특히 고려사와
조선왕조실록에는 흑점의 크기를 다섯
등급으로 나누는 디테일까지!!

두유 노우 K-흑점?!

부끄러우니까
그만 국뽕 빠세요!

87

흑점으로 가보자고!

한국천문연구원은 고려사랑 조선왕조실록으로 240년 주기도 발견했지!!!

짠!

태양의 흑점은 11년과 60년의 활동 주기가 있다고 알려져 있는데요,

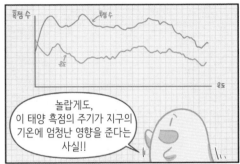

놀랍게도, 이 태양 흑점의 주기가 지구의 기온에 엄청난 영향을 준다는 사실!!

[속보]태양 흑점으로 지구에 소 빙하기 또 오나

흑점이 많아지면 태양 자기장이 강해져 지구 자기장이 교란돼서 기온이 내려가는 등 큰 피해가 생기고 농가에선 흉년이 온다고들 말하죠.

ㄸㄷ

ㄸ

그래서 전, 농산물 선물을 사두었습니다.

빛나라 천문학의 힘!!

과연 바나의 주식은?!!

태양이 지나가는 궤도에 놓인 12개의 별자리를 뜻하는 황도12궁.

시간이 흐르면서, 태양의 궤도가 바뀌어서 이젠 뱀주인자리까지 포함해서 황도 13궁으로 해야 한다는데 사실인가요?

하아~

한숨부터 쉬셨어?!!!!

황도 12궁의 별자리들은 천문학이 아니예요! 고전 점성술에서 임의로 표기한 거라, 실제 별자리 위치와 달라요. 그리고 3천 년 전에도 뱀주인자리는 있었는데 새삼…

아하, 그렇구나!

애당초!! 미신에다가 과학적 접근을 한다는 것부터 어불성설 아닙니까?!!!! 어?!! 천문대 연구원이라는 사람이?!!!!!

흐아아아~!! 잘못했어요!!!

혼날만 했네…

이과를 빡치게 하는 유사한 사례로는 혈액형 성격 유형이 있습니다.

태양

- 지름 : 약1,390,000km
- 질량 : 지구의 33만 배
- 자전 : 적도 27일, 극지방 35일

태양의 대기는 일식 중에 볼 수 있는 코로나라고 불리는 가장 바깥쪽 층을 포함하여 여러 층으로 구성된다. 주로 수소(질량의 약 74%)와 헬륨(약 24%)으로 구성되어 있으며, 기타 원소도 미량 있다.

태양 핵의 핵융합은 수소를 헬륨으로 변환하여 빛과 열의 형태로 막대한 양의 에너지를 방출한다. 태양은 흑점, 태양 플레어, 코로나 질량 방출로 표시되는 11년의 태양 주기를 나타낸다. 태양풍, 태양 플레어와 같은 태양 현상은 우주 기상에 영향을 미치고 지구 자기장에도 영향을 미칠 수 있다.

태양 망원경과 NASA의 태양 역학 관측소(SDO)와 같은 우주 기반 관측소를 사용하여 지속적으로 관찰된다. 태양의 표면 온도는 약 5,800℃ 정도다. 태양 표면을 벗어나서 코로나 영역으로 가면 온도가 100만℃ 이상에 이를 정도로 매우 뜨겁다. 이렇게 뜨겁기 때문에 태양에 직접적인 탐사선은 보내지 않는다.

11장

해가 서쪽에서 뜬다면

예로부터 킹왕짱 밝은 별이라 이름 자체가 최고의 의미를 내포한 '태양'

태양의 후예이지 말입니다!

짐이 곧 태양!

따끈따끈!

50억 년이나 사용된 표현이라 이젠 좀 바꿔도 되지 않나~

예전에 태양과 관련해서 소아마비 백신을 개발한 분의 명언을 들은 적이 있어요.

아니 난 아무상관 없는데?

소아마비 백신의 특허권자요? 아마 사람들이겠죠.

특허는 없습니다. 태양에도 특허를 낼 건가요?

조너스 소크: 소아마비 백신을 개발한 뒤 공공의 이익을 위해 특허를 포기함

그저 빛!

헉! 감동~!!! 저런 분이야말로 태양의 마음을 가진 분이다!!!

그런데, 스페인 어떤 분이 태양 소유주라고 주장했다는데? 이미 공증 절차도 마쳤대.

아악!! 내 감동 물어내!!!

스페인의 여성 사업가 앙헬레스 두란이 스페인 각 지방으로부터 태양 사용료를 받아 최저연금과 국민 보건을 위해 사용하겠다 함.

해가 서쪽에서 뜬다면

과일 들어간 초콜릿은 원래 안 먹는다고요.

화인 연권이 초콜릿을 마다하다니! 해가 서쪽에서 뜰 일이야!!!

헉!

그런데 진짜 지구에서 해가 서쪽에서 뜨는 곳은 없나요? 북극이나, 남극도요?

하하하, 그건 지구의 자전과 공전 방향의 문제라 불가능해요.

시속 900km의 비행기가 지구 자전 반대방향으로 비행하면 시각적 착시로 해가 서쪽에서 뜨는 것 같은 착시를 경험할 순 있어요. 하지만 금성처럼 해가 서쪽에서 뜨려면…

까꿍!!

영이야

거기서 나와...?

음...

지구가 역 자전을 하면 됩니다.

와… 당연한 말을 쿨하고 Fun하며 섹시하게 하시냐…

불가능하다는 말의 완곡한 표현이었습니다.

팀장님, 큰일이에요! 저희 콘텐츠 다 고쳐야 해요!

후다다닥

라?

두둥!

[특종] 태양의 색은 흰색으로 밝혀져!

뭐지. 분명 태양은 G형 별일 텐데…?!

태양에서는 모든 가시광선이 나와서 백색광이 나오니까 그렇게 보일 수도 있겠군?

난 흰색이지!

나도 흰색!

······

야 너두?

야 나두!

아니 근데, 그렇게 따지면 백색광이 아닌 별빛이 있던가?!

그냥 빛의 세기만 달라지는 거 아닌가?!

이건 역시 직접 실험해보지 않으면 안 되겠어요!!

흐흐흐흐흐흐흐…

어떻게요?! 뭘요?!!!

이과의 광기… 함부로 자극하지 말지어다.

94

그렇게 태양의 색은 미궁 속으로 … (현상 유지 중입니다)

강화

태양 이야기가 나와서 말인데, 저에겐 태양에 관한 흑역사가 있어요.

오! 뭐죠?!!

롬미!!!

찐찐!

초딩때 전 태양을 일부러 맨눈으로 바라보며 안구를 강화하는 훈련을 했습니다!

부릅!

그런 짓을 왜 하는데요!!

그 시절엔 다들 전봇대 맨손으로 치기 연습 같은 거 다 해봤잖아요? 그런 거 비슷해요.

콰!

안 했어요. 그런 거!!!

아무튼 맨눈으로 태양을 보니, 태양의 동그란 모양이 하얗게 보이고 주변에 까맣게 보이면서

태양의 모습을 볼 수 있게 되었지만 심각한 잔상이 남았지요.

그래서, 강해졌나요?

아니요, 데헷!

뉴턴도 이런 마음이었을까요?

착한 어린이는 따라하지 마세요. 그냥 어른도요.

코로롱과 달라요

태양 표면에서 플레어가 일어난 뒤 후폭풍으로 발생하는 대규모 가스폭발인 "코로나 질량 방출"

드래곤볼 오프닝에도 등장했지!

거참 … 언제적 오프닝 입니까?

이 때문에 강한 태양풍이 발생해서 지구에 오로라가 나타나고,

심하면 전자기기가 먹통 되거나 정전이 일어나기도 해요.

속보입니다. 미국 해양대기국은 현재시각 X시 태양에서 일어난 자기폭풍의 영향으로…

그래서 예전엔 뉴스에서 간혹 전자기기 사용 주의보가 나오긴 했었는데…

코로나 때문에 2년 넘게 마스크를 달고 살 줄이야!! 코로나, 무서운 아이!

걔랑 나랑은 상관없다!! 억울해!!

COVID의 외형이 태양의 코로나와 닮은 것 외엔 연결고리는 없다.

태양을 맨눈으로 바라보면 잔상이 보이는 이유

천문학은 아니지만 태양 이야기가 나와서 말인데, 우리가 태양을 보고 나면 눈을 감아도 무언가 아른거리는 형태로 색이나 빛이 보이는 잔상이 발생하는데 이건 왜 그럴까?

이것은 우리의 눈이 무언가 '본다'는 행동하기 위해서는 사물에서 반사되는 빛을 망막에 비춰 시각 정보를 전기신호로 바꿔야 하는데, 본디 강렬한 태양 빛의 경우 짧은 시간 바라봤음에도 불구하고 시각 정보 전달 기관이 활성화되어 잔상으로 우리 눈에 남아 있게 되는 것이다.

종종 천문대에 와서 태양의 흑점을 관찰하는 학생 중, 이 잔상이 신기하고 더 강한 잔상을 체험하고 싶어서 망원경에 눈을 대려는 학생들이 있다고 하는데 부탁이니 제발 그러지 않았으면 한다. 어리석은 호기심으로 인해 빛이 너의 눈에 299,792,458m/s 속도로 달려와 영원한 암흑을 선사하기 전에 말이다.

12장

귀하신 분, 수성!

뭐게요~?

이렇게 콘텐츠의 영향이 무섭습니다, 여러분.

맞춰보세요

두 분, 이게 뭔지 아시나요?

달이잖아요.

그럼 이건요?

저것도 달 아니에요?

달입니다만?

달 뒷면

수성

땡! 이건 수성이랍니다! 아까 그게 달이고요~

그게 구별되어요?!

©NASA

아 왜요~ 수성이 달보다 크레이터 수가 더 적잖아요. 그리고 수성이 태양 조석력 때문에 적도 부분이 불룩하단 말이죠?

그걸 우리가 어떻게 구별해요!!

크레이터: 위성,행성 표면에 있는 크고 작은 구멍
조석력: 해수면의 높이의 차이를 일으키는 힘

안 되겠다. 앞으로 우린 달을 그릴 땐 쿨 그레이로 채색하고, 수성은 B 8% 올려서 채색하기로 하자.

그런 걸로 구별되어요?!!!

그런 걸 우리는 컬러값이라고 부르기로 했어요.

수성은 태양계 첫 번째 행성치고는 알고 있는 게 거의 없단 말이지…

천문대에서 일한 지 몇 년째인데… 물이라도 뒤집어쓰고 반성하세요!

수성에 대한 흥미로운 이야기요? 아! 수성의 세차운동이 있겠네요!

세차… 하면서 하는 운동인가? 확실히 살은 잘 빠질 것 같다.

세차운동: 회전하는 강체의 회전축이 변하는 운동

수성의 세차운동은 뉴턴역학으로 설명할 수 없는 부분이 많아서 수성에 위성이 있는지 없는지 의견이 분분한데, 아인슈타인의 일반상대성이론으로 수성의 운동을 설명할 수 있었어요. 수성 덕분에 일반상대성이론이 증명되기도 했던 거지요!

잊을 만하면 나타나는 아인슈타인의 망령!!!!!

안녕, 또 나야~

으아아아아

102

수성

알다시피 태양계에서 항성인 태양과 가장 가까이 있는 수성!

거참… 중간이 없는 친구일세…

자전 속도가 매우 느리고, 대기도 없다시피 해서 기온이 −183도에서 430도 까지 올라갑니다.

옛 교과서에서는 수성이 태양과 동주기자전을 한다고 설명했었인데 사실 공전을 두 바퀴하는 동안 자전을 세 바퀴하는 것으로 밝혀졌지요.

맞아, 그랬던 것 같아.

동주기자전: 지구를 도는 달처럼 공전주기와 자전주기가 일치하여 천체의 한 면이 계속 공전궤도 중심을 향하게 자전

… 실례지만 올해 춘추가 어찌 되시는지?!

보이는 게 전부는 아닙니다.

앞서 말한 것처럼 기묘한 자전 주기를 가지고 있기 때문에, 하루가 1,408시간인 수성!

코왕!

와!! 지구로 치면 59일?!!!

그 시간이면 하루에 177끼를 먹을 수 있고~

411시간 동안 잠만 잘 수 있겠넹!!!

까야아악!!! 근데 그렇게 일하면 내 집 마련할 순 있나?!!!

바꿔말하자면… 528시간 동안 쉬지 않고 일해야 한다는 거겠지…

…

동숲 쥐어주면 힐링이 아니라 대출금부터 갚는 민족의 사고방식답네요…

예흨000

귀하신 분

사실 수성은 밝다고 소문난 시리우스 밝기의 1.4배나 되는 밝은 행성이지만,

작지만 밝다구웃!

앗! 자, 잠깐만요!

가, 같이가요!!

태양과 워낙 가까워 일출이나 일몰에 잠깐 볼 수 있답니다.

그래서 천문학자 중, 죽기 전에 수성 한 번 보고 죽는 게 소원이라는 사람들도 적지 않은데요~

부~운하다!!! 내세가 있다면 다음엔 꼭 관측하겠어!!!

그 어려운 수성 관측을 연구원님과 함께하다니…

그러게요…

운을 여기 다 써서 지난주에 산 로또가 당첨 안 된 건가?!! 1등이 50명이나 되었던데!!!

물어내요, 내 감동!!!

끄아악!

신이시여, 감동을 주려면 물질로 주시기 바랍니다.

수성

- 지름 : 4,879km
- 질량 : 지구의 0.06배
- 자전 : 58.7일
- 공전 : 88일
- 위성 : 0개
- 태양까지 거리 : 0.4AU(57,909,05km)
- 주요 탐사선 : 마리너 10호, 메신저

수성은 대부분 산소, 나트륨, 수소로 구성된 얇은 외기권을 가지고 있다. 수성의 표면은 타는 듯한 최고 기온(427°C)부터 매우 추운 최저 기온(-193°C)까지 극심한 온도 변화를 경험한다. 실질적인 대기가 없는 수성은 태양 복사에 대한 보호막이 없으며 황량한 풍경을 가지고 있다. 수성은 큰 철-니켈 핵이 있어 상대적으로 밀도가 높다. 3:2의 스핀-궤도 공명을 갖고 있다. 즉, 태양 주위를 두 바퀴 공전할 때마다 축을 중심으로 세 번 회전한다.

13장

작고 소중한 수성!

태양계 행성은 크게 암석형 행성과 기체형 행성으로 나눠져요.

혹은 지구형행성과 목성형행성으로 나누기도 하고요!

그 암석형행성 중에서 지구의 밀도가 가장 높은데 왜 그런지 아세요?

어… 음 … 바다가 있어서?

인간 때문에?

아하! 그런 당연한 이유가! 그럼 두 번째로 밀도가 높은 건 금성?

아니면 화성인가요?

참신하긴 한데… 그건 지구가 암석형행성 중 제일 크기 때문에요…

놀랍게도 그건 수성입니다! 수성의 대부분이 핵으로 이뤄져 있거든요.

오오~!!!

이열~ 작지만, 내실이 있는 걸?

짱돌 같은 수성이었구나!!!

짱돌 아니야!!! 짱철이야!!

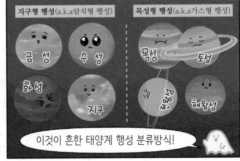

지구형 행성(a.k.a암석형 행성)

목성형 행성(a.k.a가스형 행성)

금성 수성 화성 지구

목성 토성 해왕성

이것이 흔한 태양계 행성 분류방식!

얘가 개

자전주기는 느리지만, 공전주기는 **빠른 수성.**

핫핫핫!!!
나는 태양의 주위를
59일 만에 돌지!

씽!

씽!

아악!
정신 산만해!

**그래서 옛날 그리스인들은 수성에게
두 이름을 붙여줬었는데요.**

오오!!
이 이른 시간에도 있는
저 별을 아폴론이라
부릅시다!

재빠르게 움직이는 것이
발 빠른 헤르메스 같군!!!

오늘부터 넌 헤르메스다!

누구망?
내 땅?

응… 두 개 다
같은 별이지만
정정하면,
신성모독이라고
화내겠지?
가만히 있자…

그리스 천문학자

저 때부터
천문학자들은…

틀린 걸
틀렸다 말도
못 하고!

그래도
지구는 돈다고
말도 못 하고!

너넨…
천문학 하지마…

나 그런 말 안 했다고!!!

109

이곳은 수성입니다.
편의상 그렇다고 칩시다.

수성에서도
태양은 동쪽에서 떠
제 머리 위로 올라오죠

멈칫!

멈췄…어?

뭐, 뭐지?!
왜 다시 서쪽으로 가?!!!
심지어 크기도 작아졌어!!

어이, 태양!
가장 가까이 있는 수성이
불편하냐?!

아 뭐래…

앗! 연권 님!
그게 아니에요!

수성이… 그런 거예요.

태양은… 좀 그래…

수성 공전궤도의 이심률이 큰 편이라 사흘이 지날 동안
수성 기준 2년이 흐르기 때문에 발생하는 현상

그런 줄 알았죠?

지구에서 가장 가까운 행성이 뭔지 아세요?

금성 아니에요?

NASA에도 "지구의 가장 가까운 이웃"이라 쓰였다던데?

음..

금성은 우주의 거미낚자?

그동안은 금성이 제일 가까운 줄 알았는데, 새운 관점의 계산법에 의하면 수성이 지구에서 가장 가깝대요.

안녕, 또 나야...

진짜요?!!!!!!!!!!!

그동안 행성 간 거리는 주로 행성과의 근접도를 확인해 행성과 태양의 평균 거리를 측정했지만, 행성의 궤도가 동심원을 가진 걸을 감안한 점원법으로 기존 300%의

주전

주절

음.. 뭔 말인지 100% 이해하진 못했지만, 아무튼 큰일이네…

이제 태양계를 외울 때 수지금화목토천해로 외워야 하잖아!

그게 중요해요?!

다행히도(?) 아직 공식화된 것은 아닙니다.

111

가깝고도 먼

금성보다 가깝다면, 수성으로 탐사선을 보내긴 더 쉽겠네요?

아… 그게… 그렇지만도 않아요…

잡아야죽이~~~ 못 잡겠죽이~~~?!

악!! 거기 서!!!

수성이 워낙 빨리 공전하고 있고, 궤도 역시 가장 찌그러져서 탐사선 감속이 힘들어 착륙 자체가 너무 힘들어요.

가장 쉬운 방법은 금성 스윙바이지만 이 타이밍도 잡기 쉽진 않죠…

아, 어려워서 못 하겠네!

예잇!!

차라리 134340으로 탐사선 보내고 말지!!

뻑!

스윙바이: 우주선이 다른 천체의 중력을 이용해 적은 동력으로 항행하는 가속 방법
134340 : 명왕성의 새 이름

퇴출당했지만, 명왕성을 명왕성이라고 하면 안 돼?!!!

그런데 신경 쓰지 말라고요! 명칭은 똑바로 해야죠!

(구)명왕성이었던 134340에 대한 이야기는 차후에…
아무튼 가깝지만 먼 행성, 수성…

그러니까... 정리해보면,

수성은 태양이랑 가장 가깝고 작은 행성이고, 느리게 자전하지만 태양 주변은 재빨리 도는 실한 암석형 행성이란 거죠?

와... 내가 2화 동안 그린 내용을 그렇게 한 문장으로 정리하기 있음?

뿌一

네. 그런데 다른 외계 행성계를 비교해보면 수성처럼 작은 암석형 행성이 모항성 가까이 있는 건 엄청 신기해요.

맞아! 우리 수성 기죽이지 말아요!

어휴... 알았어요.

외계행성 벨레로폰 외 다수의 외계행성은 목성 같은 큰 가스형 행성이 모항성 가까이 있다.

와! 네가 수성이야?!

우와!! 수성이구나!!

와자

지껄!

대박!! 수성이야!!!

수뻥둥뻥

태양계에서 제일 작은데!! 제일 빨리 돌고! 지구랑도 제일 가깝고! 킹왕짱(?)인 수성!! 수성이 최고다 최고!!

뭔지 모르겠지만… 그래! 내가 수성이다!!

와!! 수성 짜란다! 짜란다! 짜란다!!!

와 수성이 꼭…

개 같네.

작고 소중하고 재빠른 우리의 수성, 절대 지켜!

부록

다시, 수성으로!

본문에서 말했다시피, 수성은 궤도에 진입하는 것조차 어려워 탐사선이 수성에 도달한 것은 미국의 매리너 10호*와 메신저호**, 이 두 대가 고작이었다.

▲ 매리너 10호

▲ 메신저

보이저 탐사선을 태양계 너머로 보내는 현대에, 맨눈으로 볼 수 있는 수성에 대해 인류가 이렇게 알고 있는 것이 없다니! 그래서 였을까? 인류는 수성 탐사를 포기하지 않았고, 유럽 우주국(ESA)과 일본 우주항공연구개발기구(JAXA)는 공동으로 수성 탐사선 '베피콜롬보' 프로젝트를 추진했다. ESA 제작한 수성 행성 궤도선 MPO와 JAXA에서 제작한 수성 자기권 궤도선 탐사선 MIO라는 2개의 소형 탐사선이 실린 이 베피콜롬보는 각고의 노력 끝에 드디어 2018년 10월에 발사되었고, 2021년 10월 2일에 플라이바이로 수성에 초 근접하여 북반부를 촬영한 이미지를 전송해 천문학자들의 마음을 벅차게 만들었다.

---

*   미국 항공우주국(NASA)의 우주 탐사선. 1973년 11월 3일에 발사하여 금성과 수성을 탐사하였다.

**   MESSENGER(MErcury Surface, Space ENvironment, GEochemistry and Ranging)는 미국 항공우주국의 우주 탐사선이다. 수성 궤도에서 수성의 특성과 환경을 조사를 목표로 2004년 8월 3일 발사되었다. 2011년에 성공적으로 수성 궤도에 진입하였다.

향후 베피콜롬보는 수성 궤도 진입 예상 시기인 2025년 12월까지 여러 차례 수성에 근접 비행을 시도하고, 2026년부터는 MPO와 MIO로 분리되어 1년간 본격적인 수성탐사를 할 예정이라고 하니 우리는 수성에 대해 좀 더 많은 것을 알게 되지 않을까?

미오리네! 네 이름도 자기권 궤도선 탐사선 이름에서 따온 거라며?

흥! 건담이랑 정식 콜라보거든?

와… 역시 애니 강국다운 발상!

미오리네
〈기동전사 건담 수성의 마녀〉의 히로인

14장

환상의 행성, 금성!

믿지 마세요

지구에서 태양, 달 다음으로
가장 밝게 잘 보이는 천체는 바로 금성!

부우~운하다!
2등 할 수 있었는데!

ㄴㄴ, 무리임

그래서 종종 관측행사
할 때, 사람들에게

여러분!
저기 빛나는 거 보이세요?!!
저거! UFO에요!!!

우와!

… 라고 뻥을 칩니다.

대박!

사람들에게 무슨 짓이에요!

그런데 그거 알아요?
그 반대도 있다는 거…?

믿으면 우째!

???

©NASA

저게 뭐죠?!
UFO 아닌가요?!!

NASA

단호박

아닙니다.
금성입니다.

2020년 3월 NASA의 스테레오 위성 촬영한 금성과
지구 사진의 바퀴 모양 물체는 망원경 광학계에서
금성의 모습이 내부 반사된 것이라 함.

일종의
서동요 효과
같은 건가?

UFO가 금성이고~
금성이 UFO다~!!!

Umm...

행성은 하나지만 이름은 서너 개

옛날엔 수성처럼 금성도 아침과 저녁의 별이 다른 줄 알고 다른 이름을 붙였지만, 바빌론인들이 처음 같은 별이란 걸 알았죠.

내 눈은 속일 수 없다! 너 아까 새벽의 별이랑 같은 별이지?!

와아~

정답!

미국과 그리스에선 금성이 밝은 노란색이라 미의 여신 '비너스', '아프로디테'라 불렸고

사랑의 비너~스~

그걸 알다니… 아휴~ 옛날 사람.

우리나라에선 개밥바라기별, 샛별로 불렸지요.

댕댕아, 밥먹자!

댕댕이 저녁밥 시간대를 별로 체크하다니, 역시 밥심의 민족!

댕댕이는 소중하니까요!

와라♥

그리고 메소포타미아에선 사랑과 전쟁의 신인 이슈타르라 불렸죠!!

가! 끌개머디!

맞긴 한데… 애니랑 게임 좀 작작 해요…

아… 이분 아니에요?

119

환상의 행성

1960년까지만 해도 열대기후를 가진 지상낙원으로 생각된 금성.

천문학자조차 "플로리다 해변 같은 날씨"라고 생각했대요.

꺄아아! 바다!

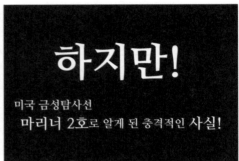

하지만!

미국 금성탐사선
마리너 2호로 알게 된 충격적인 사실!

온실효과의 표본으로, 대기 대부분이 이산화탄소! 지표면 부근 기온은 무려 459℃, 풍속은 365m/s!

휘이이이이

꺄이아!! 태풍 메미가 50m/s인데에!!!

구름은 온통 고농축 황산이라 황산 비가 내리지만 지표면에 닿기도 전에 증발해서, 비가 쏟아지다 증발하기를 무한 반복!

쏴——아

황산 비가 내리는데 안 내려?!!

지구에선 꼬리구름이 유사한 현상이죠.

꼬리구름: 구름에서 비나 눈이 내릴 때 땅에 닿기 전에 수분이 증발해 구름 아래에 꼬리를 늘어뜨리고 있는 듯 보이는 구름. 영어로는 Virga

하… 되다…

가끔은 환상 속에 둬도 좋다고 생각합니다.

2020년 9월 15일 영국왕립천문학회는 금성에 대한 관측결과를 발표했다.

금성 대기엔 포스핀가스 20ppd가 함유되어 있습니다!

내가?!

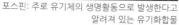

포스핀: 주로 유기체의 생명활동으로 발생한다고 알려져 있는 유기화합물

오! 지구상의 미생물과 유사한 무언가가 금성의 대기에 존재하는 걸까요?!

에이~ 대기가 그렇게 뜨겁고 유황이 섞여 있는데요?

다른 루트가 있겠죠.

궁금은 하네요.

그래서 기존 예정과 달리 금성에 먼저 생명체 탐사미션을 하려는 시도가 있었으니…

기다려, 지금 너에게 달려갈게!!!

와… 너네, 나한테 관심 가져주는 거야? 나 좀 감동…

응, COVID19 때문에 무기한 연기. 못 가…

아악!!! 저놈의 코로나!!!

하지만 2020년 10월 추가로 금성에서 아미노산이 발견돼서 생명체 존재 가능성이 더 올라갔으니 좀만 기다리시라!!!

미래에서 기다릴게!

금성뷰

그런데 팀장님, 금성에서 바라본 풍경은 어떨까요? 지구랑은 확실히 다르겠죠?

일단, 금성 자기장이 약해서 태양풍 때문에 괴로울 텐데요?!

코올,

ʃ오옹ʃ

오옹ʃ

그흐그, 으름듭그 즈스그르 뜨느스···. (그리고, 아름답고 자시고를 떠나서···)

드시거나, 말하거나 하나만 해주실래요?!

우물

우물

금성에 착륙하면 기압이 높아 태양 빛이 대기에 마구 산란되어서 모든 게 흐리게 보일 거예요··· 한마디로 눈에 뵈는 게 없을지도···

료짓

료짓

천문학에 대해 여전히 알다가도 모를 내 머릿속 같네요···

그렇게 비관 하지 마! 지구인 파이팅!!!

하아···

굳이?

그럼 금성은 진작 제2의 지구로서 탈락했겠네요?

놀랍게도 아닙니다. 칼 세이건도 금성의 테라포밍을 제안했어요.

금성은 지구 중력과 비슷하기 때문에, 이산화탄소를 제거하고 대기량을 지구만큼 줄이면 됩니다.

Before~ → After!

실제 온도는 40~60도이니, 이 정도면 우주복을 입고 열 보호 장치만 있으면 살 수 있죠!

…

그런데 굳이 그렇게까지 금성에서 살아야 할까?

우선, 있는 지구부터 잘 보살펴 보는 거로!

부록

금성

- 지름 : 12,104km
- 질량 : 지구의 0.8배
- 자전 : -243일(금성 하루 2802시간)
- 공전 : 224.7일
- 위성 : 0개
- 태양까지 거리 : 0.7AU(약 1억km)
- 주요 탐사선 : 베네라, 마젤란, 비너스 익스프레스

금성은 주로 황산 구름과 이산화탄소로 구성된 두꺼운 대기를 가지고 있다. 대부분 이산화탄소로 구성되어 폭주하는 온실 효과를 유발한다. 온실 효과로 인해 납이 녹을 만큼 표면 온도가 매우 높다. 표면은 화산, 고지대, 광활한 평원으로 이루어져 울퉁불퉁하다.

금성은 다른 행성과 반대 방향으로 자전한다.

15장

금성은 이별의 행성?

풍선을 타고~

황산비가 내리는 구름에, 뜨겁고, 압력이 높으면 금성 탐사는 어떻게 해요?

그게 꽤 난제이긴 했는데~

쏴아

지글 지글 지글

2021년에 NASA에서 풍선형 에어로봇으로 금성의 대기권을 탐사하는 데에 쓸 거라고 발표했었죠.

오오! 풍선!!!

20kg 과학기구

10 m

그렇다면 베이X스로도 금성탐사 쌉가능한 거 아닙니까?!

철썩!

베이맥스 : 디즈니 《베이맥스!》에 나오는 로봇

그것보다, 연구원님이 디X니에게 고소당하는 게 먼저일 수도 있겠는데요?

삐용 삐용

철컹 철컹

아무리 저라도 고소는 무서워요.

126

이별의 행성

수성은 느린데, 빠르게 도는 행성이랬죠? 그런데 금성은 더 이상한 행성이에요.

내가 뭐요!

금성의 하루는 지구 기준으로 243일에 해당하는데요,

엄... 수성 때 써먹어서 더 이상 드립도 못 치겠네.

아직 멀었어?

그런데! 금성이 태양을 한 바퀴 도는 1년은 225일이란 사실!

어…?

하루가… 1년보다… 길어?

내가 사는 것인지~ 세상이 나를 버린 건지

하루가 일 년처럼 길구나~

효오…

그거 이별 노래 가사에만 있던 거 아니었어?! 추노꾼들 사실, 금성인이었나?!

거꾸리

그런데, 금성의 이상한 점은 더 있어요.

또요?!

양파 같은 매력이 있다고 해줄래?

발라당~

자전축이 177.3도로 180도에 가깝게 뒤집혔기 때문에 지구나 수성과 달리 시계방향으로 자전하는 행성이죠.

앗! 그럼 해가 서쪽에서 뜨겠네?!

아니, 잠깐만. 180도로 뒤집혀 졌다면… 거의 물구나무서기로 자전 중이란 거잖아요?

그… 렇죠? 그런가…?

와… 금성에 착륙하면 피가 머리로 쏠리겠네요. 어차피 못가지만, 진짜 가지 말아야겠다…

화인 연권 님은 대체 중력을 뭐라고 생각 하는 걸까?

128

헬 파이어 클럽

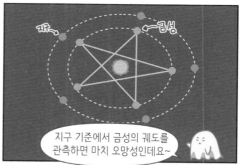

오컬트 이야기가 나와서 말인데, 최근에 태양계 행성 정렬이 있었잖아요?

알아… 행성 정렬로 악마소환 안 되는 거… 그러니 눈으로 욕하지 말아요.

반대로, 행성이 일직선으로 나열되면 천문학적으로 어떤 현상이 일어나나요?

음! 태양계 행성이 일직선으로 나열되면!

예뻐요.

한눈에 행성들을 관찰할 수 있고~

행성끼리 비교하기 쉽죠.

…아, 네.

결국 아무 일도 일어나지 않는 것으로!

금성과 우리의 연결 고리

핫핫핫핫! 금성을 그저 이상한 행성으로 치부하지 말아 주게나!

아얏! 쎄오님!

짜!

짠!

금성과 우리 e과한 천문대의 인연에 관해 이야기하려면 그땐 아직 박찬호가 LA에 있는 시절로…

아… 벌써 귀에서 피 나려고 하는데요?

금성 태양면 통과 이벤트가 있었는데, 타 천문대는

그래서요?

그게 왜 신기하죠?

금성이 태양을 지나간대요!

천문대

고개

고개

라고만 홍보했지. 하지만 그때 우린!!!

여러분! 이 관측을 통해 태양 크기를 알 수 있습니다! 자주 오지 않는 기회라고요!

오옷?!!! 굉장히 유익한데?!

아이랑 같이 가도 되나요?!!!

이것이 우리 천문대의 전설이 아닌 레전드의 시작!

후훗!

역시 마케팅의 힘!!!

금성이 초기 우리 천문대를 먹여 살렸구나!

금성 땡큐!!

그, 그래:

131

사실은 금성에 1착했습니다

많은 사람이 1950년대 있었던 구소련과 미국의 '우주전쟁' 목표를 달로 기억하지만, 행성 간 탐사의 개념으로 보면 화성과 금성도 우주 전쟁 목표물 중 하나였다. 워낙 표면 관측이 어려운 행성이라 두 나라 모두 애를 먹었지만, 탐사선을 보내는 도전을 멈추지 않았고 금성을 선점한 것은 다름 아닌 구소련이었다.

1967년 베네라 4호*가 금성 대기권에 진입해 금성 표면에 캡슐을 낙하하는 방법으로 금성 대기의 자료를 지구로 보내는 데 성공한 것이다.

▲ 베네라 4 모형　　　▲ 모스크바 우주기념박물관에 전시된 직경 1m
　　　　　　　　　　　크기의 베네라 4호 착륙 캡슐 모형

그 후 상상과 달리, 극악의 환경으로 생명체의 가능성이 희박하다는 것이 밝혀져 인류의 관심이 뜸해졌던 금성. 하지만 포스핀 가스 발견으로 인해, 미국을 포함한 여러 나라가 금성 탐사에 다시 관심을 보이기 시작했고, 국내 기초과학연구원도 초소형 위

---

*　　　Venera 4(러시아어 : Венера-4 , lit. 'Venus-4')는 금성 탐사를 목적의 소련 Venera 프로그램의 탐사선이다. 금성 대기에 진입하여 표면까지 낙하산을 타도록 설계된 착륙선과 착륙선을 금성까지 운반하고 통신 중계 역할을 하는 운반선/비행 우주선으로 구성되었다 .

성을 지구 저궤도에 띄워 금성을 장기간 관측하는 방식으로 금성탐사 계획을 밝혔다고 하니 부디 이를 통해 외계 행성 탐색을 비롯한 우주를 향한 도전이 더욱 더 활성화되길 바란다.

16장

지구 개그

어디서부터 잘못된 것일까?

사실 비행기도 없던 아주아주 옛날엔, 지구가 평평하다 믿는 게 당연했죠.

음음, 그렇죠.

그래도 이미 기원전부터 지구가 둥글다고 밝힌 사람들이 있었어요.

수평선에서 배가 나타날 때, 돛대부터 보인다는 것을 증거로 제출합니다!

물론 중세 시대에 과학 암흑기가 있었지만...

과학은 이단! 철학도 이단! 내 말 외에 죄다 이단이다!!

어떻게, 우주여행을 가니 마니 하는 2022년에도 지구가 평평하단 걸 믿는 사람이 있을 수 있는 거죠?!

이과는 분노했다.

개쪽 같은 지평이들

놀랍게도 오늘날 학회까지 있는 지구 평평설 신봉자들!

흐... 알아보기 싫다...

도대체 뭘 보고 지구가 평평하다고 하는지 알아볼까요?

증거1: 비행기가 장시간 비행해도 고도가 유지된다!

지구가 구형이면 고도가 높아져 지구를 벗어나야지!!

뭐래. 중력 탈출 속도를 모르는 건가?

지평

증거2: 알려진 지구 자전 속도와 공전 속도대로면 지구상의 물체는 원심력 때문에 우주로 날아간다.

지구 자전 속도는 시속 1,660km! 공전 속도는 초속 30km니까!

그건 중력이 구심력이 되어서 그렇다고요!

지평

증거3: 지구 중력이 달은 끌어당기면서 가벼운 나비는 끌어당기지 않는다.

사실 중력이란 것 자체가 존재하지 않는 거라고!

지평

중력

그만 알아보도록 합시다. 이과 인내심에 한계가 오고 있어…

캬오!

으아!

그 외에 비행기를 타면 지구 수평선이 평평하게 보이는 것, 지구 하늘 돔 설 등 다양하게 있다.

태어나는 음모

지평이들에게 왜 그 진실이 아직 숨겨진 거냐 물으면 크게 두 가지로 대답한다고 합니다.

과학자들이 모두 한통속입니다!

NASA는 지구가 둥글다고 세뇌하기 위해 만들어진 기관이라구요!

과학자들은 그렇게 사회적으로 잘 집결 가능한 지적 생명체가 아~뉘~거~등~요~?

매일 서로의 이론가지고 머리채 잡기 일쑤인데?!

그리고 NASA는 세계기관이 아니라 미국 거에요.

제2차 세계대전 이후 지구가 평평한 걸 숨기려고 세계 각국이 합의해서 남극에 군대를 보내 민간인 출입 막고 있다!

하하...

그렇게 전 세계가 하나가 될 수 있었다면... 전쟁은 왜 계속 발발하는 걸까요?

지평이들의 말이 맞는다면, 우리가 모르는 사이 세계평화는 이뤄진 것일지도…

연구원님 사실…?

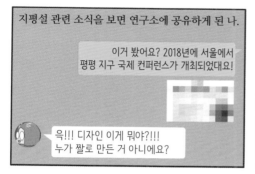

지평설 관련 소식을 보면 연구소에 공유하게 된 나.

이거 봤어요? 2018년에 서울에서 평평 지구 국제 컨퍼런스가 개최되었대요!

윽!!! 디자인 이게 뭐야?!!! 누가 짤로 만든 거 아니에요?

저도 그런 줄 알았는데, 컨퍼런스 후기도 있더라고요! 무지 웃겨요!

대체 어느 포인트에서 웃긴 거야…?

남극 너머에 새로운 땅이 있다는 거?

ㅋㅋㅋ ㅋㅋㅋ

지난번부터 이런 정보 올리는 연구원님, 사실 지구평평설 신봉자인 거 아니에요?

에이~ 차라리 그것보단~

원래 지평이었는데, 천문대 입사해서 진실을 알게 되었다는 게 신빙성 높지 않겠어? ㅋ

역시 그랬어…

어쩐지…

가까이 오지 마요, 비논리 묻을라!

백스텝

버럭!

아냐! 아니라고!!!!

지구 개그

팀장님, 팀장님~
제가 난센스 퀴즈 하나 낼게요.

뭐죠?

우주로 나가지 않고,
지구를 들 수 있는 방법이
뭘까~요?

정답은 바로!

물구나무를 서면 되지요!
핫핫핫핫!!!

오...

그렇다면 아틀라스도 사실,
하늘을 들고 있던 게 아니라,
손 들고 있는 형벌을 받고 있던 건
아니었을까요?!!

와…
이과 앞에선 개그도
못하겠네…

아틀라스: 그리스신화에서 제우스에게 대항했다가 벌로
하늘을 짊어지는 벌을 받게 된 티탄 신족.

140

그 외 지평이들의 억측 근거

주장 1. 해변에서 바라본 수평선은 한없이 평평하다.

주장 2. 비행기를 타고 계속 높이 올라가도, 지평선이 언제나 눈높이로 올라온다.

주장 3. 빛은 곡면을 따라 굽지 않는데, 우리는 수평선에 햇빛이 반사되는 모습을 본다.

주장 4. 건축가들이 건축물을 설계할 때 지구의 곡률을 계산하지 않는다.

주장 5. 지구가 둥글다면 나일강은 곡선 이어야 할 부분에서 4,000마일 이상 흐르고 있다.

주장 6. 평평한 땅엔 원근법이 존재하고, 원근법의 소실점 때문에 우린 바다 너머를 못 본다.

주장 7. 지구는 동일한 기울기로 태양을 평평하게 공전할 수 없다.

주장 8. 달의 중력은 지구의 물을 움직일 만큼 강하지만, 그 외의 것들을 움직일 힘은 없다.

주장 9. 지구가 자전할 때, 물은 지구에 붙어 있지만, 우리가 탈수기를 돌릴 때 물은 털려 나간다.

주장 10. 총알이 시속 1,700마일로 날아가는데, ISS가 그것보다 10배 빠른 속도로 날아간다는 것은 억측 …

17장

골디락스와 지구

지구에 생명체가 있을 수 있는 이유는
지구가 골디락스 존에 있기 때문이라고 하잖아요?
그럼 골디락스는 어디에서 나온 말이에요?

아, 그건
놀랍게도, 영국의 전래 동화
"골디락스와 세 마리 곰"에서
유래되었다고 해요.

동화?!

숲에서 길을 잃은 금발의 소녀 골디락스가 우연히
곰 세 마리의 오두막에 들어가게 돼요.

아~ 배고파.
아무도 없나?
수프가 세 그릇
있네?

뜨겁지도,
차갑지도 않은
먹기 적당한 수프를
먹어야겠다!

배가 부르니 졸리네~
딱딱하지도, 너무 부드럽지도 않은 적당한
침대에서 자야겠다!

그 뒤 집에 돌아온
곰 세 마리에게 골디락스가 쫓겨났대요.
여기서 적당한 상태를 뜻하는
골디락스가 나오는 거죠.

아니, 그 동화의 교훈은
무단 주거 침입과 무단 취식하지
말자는 것이 아닌가요?!

이과의 관점이란 대체…

144

골디락스 존의 조건

항성으로부터 너무 가까우면
수성처럼 뜨겁고, 또 너무 멀면 추워요.
그래서 골디락스 존에 생명체가
존재할 확률이 높죠.

태양계 행성 중
골디락스 존에 있는 행성은
지구와 금성, 화성이지만

금성은 지난번에
말했다시피…

화성은 차차…

하지만 그 골디락스 존이라는 개념이
지구상에 존재하는 생명체를 기준으로 삼았기 때문에,
이 구역 외엔 생명체가 없다는 결론을 내리기 어려워요.

끼얘!

오! 그렇네요?

사실 토미 리존스의 말대로 진짜
명왕성에 생명체가 존재할지도?

아 쫌!!!
그거 아니라고요!

영화 '애드 아스트라'에서 주인공 로이의 아버지(토미 리 존스)는
해왕성으로 생명체를 찾아 떠나 실종된다.

아이고 더워라~

맴—

메엠—

요즘 날씨, 왜 이래요?
엄청 덥다가,
엄청 비 쏟아지다가…

마치
찜통 속 만두가
된 느낌이야…

머—

그래서 요즘 사람들이
"단군이 부동산 사기당한 거 아니냐"고
말하잖아요.

내가?!! 사기를?!!

음음!
그럴싸해!

단군
동절

음~
만약 판게아가 실존했다면,
고조선 때 지형이 지금과
완전 같지 않았을 수도 있으니
사기라고 보기는
좀 어렵죠?

와… 개그를
다큐로 받아치네?

그리고,
지금 지구가 이 모양
이 꼴 난 건!!

인간 놈들에 의한
온난화 가속화
때문이잖아! 팍! 씨!!

버

뻑!

진정해!!
어디에 화내는 거야!!

판게아: 대륙표류설에 의거, 2-3억 년 전 지구 표면의
모든 땅을 포함하고 있던 초대륙.
(안타깝게도 고조선 때도 지구의 대륙은 지금과 똑같..)

국내 최초
우주발사체 누리호
발사 성공!!!

성공을
축하합니다!!!!!

그런데,
활동 수명을 다한 인공위성은
어떻게 하나요?

다시
수거해요?

딱히…
회수하고 있지 않습니다.
1957년 스푸트니크 1호가
발사된 이후, 6,000여 개 이상
인공위성이 발사되었는데
말이죠…

히익?!!!

외면…

발사된
인공위성 중, 지금까지
활약하는 건 10%밖에 안 돼요.
지구로 떨어지는 것들도 있지만,
대부분 지구 궤도에서
유영 중이라 캐슬러 증후군이
일어나고 있죠.

덤 = 우주 쓰레기

케슬러 증후군: 낡은 인공위성 등이 충돌해 더 많은 파편이 생겨
연쇄 충돌이 발생하는 현상

연구는 내가 할게,
우주 쓰레기는 누가 치울래?

그래서 UN에서
우주 쓰레기처리와 규제방안을
제정하기 위해 '우주공간
평화적 이용 위원회'를 만들어
연구 중이긴 한데,
어서 해결책이 나오면
좋겠어요.

NASA

당연히 봤죠!!!

연구원님들, 새벽에 제임스 웹이 보낸 사진 보셨어요?!!

짠!

제임스 웹 우주망원경: 미 항공우주국(NASA)과
유럽우주국(ESA), 캐나다우주국(CSA)이 운용하는 우주 망원경

SMACS0723을 이렇게 고해상도로 찍다니!

중력렌즈 현상으로 빛이 굴절된 것까지 찍혔어요!

뭔 말인지 모르겠지만 정말 멋져요!!

©NASA

창백한 푸른 점 다음으로, 제 기준엔 최고의 천체 사진 같아요.

창백한 푸른 점?

따봉!

아~ 연구원님은 모르시는구나.

1990년에 명왕성 부근에 있던 보이저 1호가 보낸 사진인데, 여기에 이 점이 뭔 것 같아요?

글쎄요…? 너무 작아서…

지구?!!

바로, 지구랍니다.

©NASA

"이 창백한 푸른 점보다 우리가 아는 유일한 고향을 소중하게 다루고, 서로를 따뜻하게 대해야 한다는 자각을 절절히 보여주는 것이 달리 또 있을까."

칼 세이건이 말한 것 처럼, 우주라는 광활한 곳에 있는 우리를 나타내는 이 사진이 아직까진 제게 최고의 천체 사진이랍니다.

칼 세이건 "창백한 푸른 점" 발췌

지구

- · 지름 : 12,742km
- · 질량 : 5.972 × 10^24kg
- · 자전 : 1일(시속 1,700km)
- · 공전 : 365일(시속 110,000km)
- · 위성 : 1개
- · 태양까지 거리 : 1AU(1억 5천만km)
- · 주요 탐사선 : 인공위성들

지구 대기는 주로 질소(78%)와 산소(21%)로 구성되어 있다. 질소와 산소로 구성된 지구의 대기는 거주 가능한 기후를 유지하는 데 도움이 된다. 지구는 매우 다양한 생명체의 본거지이다. 지금도 지각판이 움직이고 있어 지진, 화산 활동 및 행성 표면을 형성하고 있다.

18장

달~ 달~ 무슨 달?

달~ 달~ 무슨 달?

지구의 유일한 위성이자, 태양계 가장 안쪽에 있는 위성, '달'!

낮에도 볼 수 있을 정도로 지구에서 가까워서 지구인의 좋은 친구 같아요.

하지만 달과 지구상의 거리가 막 엄청 가깝진 않아요. 태양계 행성들을 한 줄 세우게 하면 다 들어갈 수 있을 정도니까요.

에엣?! 엄청나게 멀잖아요?!

지구인들, 좀 불편해…

거기다, 1년에 3.8cm씩 지구와 멀어지고 있기도 하고…

그 정도면 달이 지구 싫어하는 거 아니야!

인사해, 내 145개의 달(Moon)이야.

그리고, '달'이라는 것 자체가, '위성'을 뜻하기도 해서, 친하다고 표현하기엔 좀…?

거참, 이름 좀 붙여주쇼!!

토성 위성의 개수는 2023년 기준으로 작성됨

좋아요? 싫어요?

그렇죠? 예쁘기도 하고, 망원경으로 사진찍기도 쉬우니까요.

천문대에서 일일 체험 관측으로 가장 인기있는 천체는 역시 달이죠?

바보야! 칭찬해도 기쁘지 않아~!

망원경 없이도 찍을 수 있는 달! 자, 이것이 제가 직접 찍은 달 사진!!

짜잔!

오오! 역시 장비 빨!!

하지만 천문대에선 마냥 보름달을 환영하기 힘들어요.

잉? 왜?!

달빛이 너무 밝아서, 다른 천체들을 보기 힘들거든요…

하… 내가 너무 빛나도 문제란 말이지~

아… 아…

천체 관측하고 싶은 이들이여, 보름달은 피해서 관측하세요!

달의 탄생!

그런데, 어쩌다가 지구 4분의 1 크기만 한 달이 지구의 위성이 된 거죠?

음~ 여러 가지 가설이 있긴 한데…

[가설1] 형제설 : 지구가 생길 때 달도 함께 탄생

누가 첫째게?

짜라! 달! 크로스!

하지만 달의 크기가 너무 커서 이 가설은 좀…

[가설2] 포획설 : 원래 달이 작은 행성이었으나, 지구의 인력에 붙잡힘

달! 너는 내꺼야!

그러기엔 지구와 달 구성요소가 비슷해서 이것도 좀…

짜잔-!

[가설3] 충돌설 : 지구와 화성만한 천체의 충돌로 생긴 파편의 뭉침

① ② ③ ④

'자이언트 임팩트'로도 불리는 이 가설이 현재까진 가장 유력해요.

아… 아깝다… 그때 아예 없어져야 했던 건데…

대체… 뭐가?!

항상

여러 문학에서 변덕의 상징으로 여겨지는 달.

오, 로미오.
한 달 내내 변하는
지조 없는 달에게
맹세하지 마세요.

오~ 줄리엣.
저 축복받은 달님에게
서약하건대~

뭐야?!!!

그래서
맹세하는건데요?

그래요!
내 최애인 달이
얼마나 한결같은데!!

나는 억울하다!

워~워~ 둘 다
진정하고 말해봐요.

달과 지구는
공전과 자전주기가
같아요. 그래서 지구에서는
늘 달의 앞면만 보게
되죠.

다만,
태양 빛을 받아서 달의 그림자 때문에
지구에서 볼 땐 모습이 변하는 것처럼
보이는거라고요!

아앗!!
그랬구나!

달,
아직도 우리를
지켜보고 있나요?

뭉클...

Always …

언젠가, 순애의 상징 '달'로 불리는 날이 오기를…

무슨 뜻이에요?

[특종] 35년 만에 슈퍼 블루 블러드문 뜬다!

잉?
슈퍼 블루 블러드문이 뭐예요?
달이 태극 모양으로 뜨는 건가?

그런 거
아니고요!

슈퍼문은 타원형으로
지구 주변을 공전하는 달이 지구와 가까워져
평소보다 훨씬 크게 관측되는 보름달이에요.

반갑구만~
반가워요~

그리고 개기월식이나
대기상태가 불안정할 때 보이는 현상이
블러드문이에요. 꼭 보름달이 아니어도
볼 수 있죠.

마지막으로
블루문은 양력 기준으로
한 달에 보름달이 두 번 뜨는
것을 말해요. 즉 슈퍼 블루
블러드문은 이달에 두 번째로
뜨는 커다란 붉은
보름달이죠.

블루문은 전~혀!
색상이랑 상관
없잖습까?!!

그건 서양에서,
달이 불길한 상징이라…
한 달에 두 번 떠서?

블루문의 어원은 파랑(Blue)이 아닌 '배신'을 뜻하는
Belewe에서 왔다는 것이 유력하다.

달은 누구의 것인가?

1967년 체결된 UN의 우주천체조약

"그 어떤 국가나 기관도 달을 포함한 모든 행성의 소유권을 주장할 수 없다."

어라? 개인이 소유하지 말란 법은 없네? 그럼 태양계 모든 행성과 위성 내 꺼!!!

데니스 호프

어? 그, 그렇네??? 인정;;;

달 토지 분양은 우리 달나라 대사관에서만! 축구장 크기가 단돈 n만원!

흥! 진짜 소유권이 인정될 리가! 그걸 누가 사요!!

· · ·

안녕하세요, '누'예요… 하하하. . .

아니 연권 님?!! 그런 걸 왜 사는 거야!!! 그 돈이면 치킨이 두 마리야!

그래도, 힘들 때 밤하늘의 달을 보면… '저기에 내 땅이 있지' 하고 위안을 얻게 되는 걸요?

그래.. 내일도 열심히 살자!

개미는 오늘도 열심히 일을 하네~

달

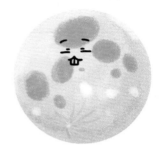

· 지름 : 3,474km
· 질량 : 지구의 0.012배
· 자전 : 27.3일(동주기 자전)
· 공전 : 27.3일
· 지구까지 거리 : 380,000km
· 주요 탐사선 : 루나, 존드, 파이어니어, 레인저, 서베이어, 아폴로 11호, 창어, 다누리

 달에는 대기가 부족하여 낮(최고 127°C)과 밤(최저 -173°C) 사이에 극심한 온도 변화가 발생한다. 소행성과 혜성과의 충돌로 인해 표면에 충돌 분화구가 많다. 달의 자전 주기는 공전주기와 같아서 항상 지구에 같은 면을 나타낸다. 달 중력은 중력 상호 작용을 통해 지구의 조석에 영향을 미친다.

19장

미스테리 핫 스팟, 달!

연권 님~
요청하신 초승달
일러스트!

얏!

앗, 감사합니다!

하아...

왜?! 뭐가
잘못 되었어요?!!

틀린 점이 세 개가
있는데요…

보름상현
망
(보름달)
부분월식
초승달
상현달
하현달
그믐달
삭

우선, 연권 님이 그린 것은 초승달과
반대 방향의 그믐달이에요. 그리고 달의 그림자를
그릴 때 원형 그림자가 진 것 처럼 하면 안 돼요.

잉? 그건 또 왜요?!

×   ○

태양이 달의 한쪽 반구를 비추고
그 반구를 지구에서 비스듬히 바라보기 때문에,
달을 반으로 나눠 그림자를 표현해야 해요.

아하!

그리고 무엇보다…

152쪽에서 틀린 그림을 찾아보세요!

누루

버럭!

달그림자에
별을 그리면 달이 진짜
뚫려 있는 건데요?!!!
혹시 살생님이세요?!

살생님: 만화 '암살 교실'의 등장하는 초생물로, 달의 70%를
파괴하고 지구를 파괴하겠다고 선언하며 본편을 시작했다.

달의 바다

인류가 최초로 발을 내디뎌서 유명해진 고요의 바다!

달의 바다는 사실, 현무암질 대지지롱! 달에 물이 있을 리가~

퐁!

©NASA

ㄴㄴ
달에 물 있습니다.
그것도 꽤 많아요.

아, 진짜요?!!!

하이~

NASA에서 B747기에 직경 약 2.7m의 반사형 망원경을 싣고 성층권에서 관측하는 적외선 천문학 성층권 천문대 'SOFIA'를 이용해 관측한 자료를 분석해 본 결과~

비행기에 망원경을 싣고 관측이 된다고요?!!

"와쿨"
"와쿨"

달에 햇빛이 비치는 표면 중 남극에는 토양 알갱이 사이 물 분자가 1m 면적당 340ml 있다고 하는데요, 이건 사하라 사막 수분 함량의 100분의 1이래요.

우와!!!

사하라 사막에 물이 그렇게 많이 저장되어 있다는 거예요?!!

짱이야!

아니 결말이 왜 그렇게 되죠?!!!

아무튼, 한국도 참여 중인 '아르테미스 프로젝트'에서 더 많은 것들이 밝혀지길!

지구의 달은 몇 개?

지구의 유일한 위성, 달!

헤헤~♥ 후후훗~

당연한 소리를 그렇게 반복적으로 할 필요는… 헤헤~

…인 줄 알았겠지만, 사실 지구에 달이 하나 더 있었으니! 이 몸의 이름은 **3753크뤼티네!**

HA! HA! HA!

뭐?!

비록 내가 지름이 5km밖에 안 돼서 지구뿐만 아니라 내행성들의 영향을 받아 공전궤도가 이상하고, 2006년에 지구 중력에 튕겨 나가버렸지만…

너냐? 정신 산만하게 나 따라다닌 게?

60년 뒤 다시 돌아와 지구 주변을 돌 테니, 긴장해라- 달!!! 하하하!!

…

저건…
'달'이라고 할 수
없는 거 아닌가?

내 말이…

그냥, 이런 소행성도 있다고요.

많은 이들이 알다시피, 냉전 시대에 유독 우주를 향한 경쟁은 뜨거웠고

우리가 먼저 달에 갈거야!

우리가 먼저 갈거야!

날 그냥 내버려 둬!

그 결과 인류가 직접 탐험한 최초이자 유일한 천체가 된 '달'.

인류에게는 위대한 도약이다!

누가 내 얼굴에 발자국 남기래?!

그런데 말입니다~ 인류는 달에 가지 않았다고 모함하는 음모론자들이 존재하는데요!

착륙 시, 엔진 분사 자국이 없는데요?

성조기가 왜 흔들리죠?

사람 그림자가 이상한데요?

달에 안 갔으니, 그 뒤로 달에 사람 안 보낸 거죠?

이 음모론자들에게 한마디 하신다면?

달 토끼가 떡 뜯어먹는 소리 하네.

그 시절에 그걸 대규모로 조작하는 게 더 어려웠겠다!!

앞서 말했다시피, 달의 동주기 자전 때문에 지구에서는 관측할 수 없는 달의 뒷면.

나랑 닮았네?

○ ○

많은 사람이 달의 뒷면은 캄캄할 거라고 알고 있지만, 뒷면에도 태양이 뜨고 집니다.

달 앞면이 뒷면에 비해 상대적으로 밝다.

여기서 문제! 달의 뒷면엔 아직 유인 탐사선이 착륙한 적이 없는데 왜 그럴까요?

번쩍!

저요! 저요!

달의 뒷면엔 오토봇이 있기 때문입니다!

휴비전

히틀러 비밀 연구기지 있는 거 아니었어?

오토봇: '트랜스포머' 시리즈의 세력 중 하나로, 사이버트론 행성에서 살던 기계 생명체

두 분 어디 가서 우리 천문대 연구원이라고 하지 마요. 쪽팔리니까.

모야모야?
달 뒷면 이야기 중이었어요?

연권 님들이 달 뒷면에 뭐가 있다고
비과학적인 이야기하잖아요~

우리가 뭐.

뿌ㅡ영!

그 이야기를 들으니, 갑자기
아폴로 10호의 기록이 생각나네요.

아폴로 11호?
인류가 달에
착륙 전이네요?

네~ 토마스 스태포드, 존영,
유진 서넌이 탄 탐사선이 달의 궤도를
돌고 있었죠.

Whooo....

들었어? 저 이상한
휘파람 소리?

우주 음악 같은데?!!

정말 이상한
소리네?!

그 소리는 그들이 달 앞면으로
나오기까지 1시간 동안 지속되었고…
이 상황의 녹취록은 NASA의 기밀문서로
있다가 2008년에 해제되었으니…

역시, 달 뒤에
뭔가 있긴 있구나!!!

NASA놈들이
숨기고 있네!

NASA에서 초고주파
라디오 간섭이었거나,
자기장이 원인일 수
있다잖아요!
음모론자들에게
먹이를 주지
마세요!!!

아오
찐찌자!!

아직 미지의 영역인 달 탐사를 응원합니다!

달의 뒷면에 착륙하지 않았던 이유

본문에선 인류가 아직 달의 뒷면에 착륙하지 않았다고 이야기했지만, 사실 2019년 1월 3일, 중국의 무인 달 탐사선 창어 4호가 달의 뒷면에 최초로 착륙에 성공했다. 하지만 이 또한 인류가 직접 간 것은 아닌데, 1969년에 인류의 첫 발자국이 찍힌 앞면에 비해 인류의 도달이 늦는 이유는 무엇일까?

여러 이유가 있겠지만 뒷면의 지형이 원인이라고 천문학자들은 입 모아 말한다. '바다'로 불릴 만큼 비교적 평지가 많은 앞면에 비해 뒷면엔 크고 작은 충돌 크레이터가 많다고 한다. 달 뒷모습을 인류 최초로 본 아폴로 8호*의 우주비행사 윌리엄 앤더스는 그 모습이 마치 아이들이 한참 놀고 난 뒤의 모래 산처럼 얽어맞고, 명확한 경계도 없고, 혹과 구멍투성이뿐이라고 묘사했다.

▲ 아폴로 8호 승무원 빌 앤더스가 달 주위 궤도에 있는 동안 촬영한 지구돋이

---

* 아폴로 8호(1968년 12월 21~27일)는 낮은 지구 궤도를 떠난 최초의 유인 우주선이자 달에 도달한 최초의 인간 우주 비행선이었습니다. 승무원들은 착륙하지 않고 달 주위를 10번 선회한 뒤 무사히 지구로 귀환했다. 조종사들은 달의 뒷면과 지구돋이를 목격하고 사진을 찍은 최초의 인간이었습니다

이렇게 험한 지형은 정밀한 기술로 착륙해야 하는 탐사선에 큰 위험 요소가 되기 때문에 아직 인류는 달의 뒷면에 발자국을 남기지 못하고 있다.

호기심보다,
생명이 소중하니까요.

20장

인류는 왜 화성에게
집착하는가?

아무래도

아… 팀장님 저 큰일 났어요…
이번 웹툰 주제 "화성"인데… !!

??

헐레!

벌떡!

이젠 눈치챘겠지만, 이 만화는 태양계 순서대로
에피소드 진행 중입니다.

아무리 생각해도 '마션'밖에
생각 안 나요! 감자 밖에 생각 안 나요!!

하하하… 그럼 '마션'을
봤을 때 개인적인 소감을
풀어가는 건 어때요?

으… 저…
소설로 먼저 읽어서…

끄-아…!!

첫 문장이 너무 강렬했단
기억 밖에?ㅎ

아무래도 좆됐다.
그것이 내가 심사숙고 끝에 내린
결론이다. 나는 좆됐다.

지금 연권 님의 상태인가요?!

하하하…

그렇다면, 화성을 처음 봤을 때
어떤 느낌이었나요?

에롱…

끄응…

에?
화성이요?

저, 화성 본 적 없는데요?

아악?!!!! 천문대 직원이
화성과 안타레스를 나란히
본 적 없다니!!!
직무 유기다!!!

꿈적

꿈적!

깨!!

안타레스: 전갈자리의 알파 별. 화성과 견줄 만큼
붉은빛을 가진 화성의 라이벌 별

집착의 인류

화성 하면 역시 태양계 통틀어 탐사가 가장 많이 시도되는 곳으로 유명하죠.

그런데 왜 그런 거죠?

음~ 여러 가지 이유가 있긴 한데…

가장 결정적인 이유는 초기 화성이 약 100% 물로 덮여 있는 바다 행성이었기 때문이죠.

띠용!

엥?!! 물이요?!!!

물이 흐른 흔적

불과 44억 년 전만 해도 화성은 표면에 물이 풍부했죠. 하지만 지금은 그 물이 흘렀던 흔적만 표면에 보이는데, 표면에서 물이 완전히 사라진 이유는 아직 풀리지 않는 미스터리예요.

©NASA

NASA는 아직도 화성의 지하에 물이 있을 거라는 믿음으로 꾸준히 화성 탐사에 도전하고 있어서 이런 밈도 있다죠.

지구인들아, 나한테 와 봐.

서코둥…

너 54,600,000km 떨어져 있잖아. 멀어 안 됨.

널… 눈물나게 좋아해.

딱 기다려! 지금 간다!!!

우웨!

털썩

… 누가 저런 밈을 생각했담?!

그건 인간 생각이고

화상 탐사에서 가장 유명한 탐사 로버는 역시 2004년 화성에 착륙한 스피릿과 오퍼튜니티.

우린 쌍둥이 탐사 로버!

태양전지판으로 움직이지!

뭐, 배터리 방전으로 3개월이면 작동이 멈추겠지? 굳이 '임무 종료' 커맨드는 넣지 말자.

흐음...

NASA

하지만 NASA의 예상과 달리 스피릿은 6년 2개월,

으아아악!! 메이데이! 메이데이!! 모랫구멍에 빠졌어!

치직... 지구에선 치직... 치직... 해줄 수 있는 게... 치직... 치직... 없다… 치지직... 임무 포기를... 치직...선언한다.

야 이 !#%$@!ㄲㅉㅃ$%

오퍼튜니티는 14년 5개월 만에 작동을 멈추게 된다.

동생아, 구하러 온 거야?

아니, 나도 모래폭풍 때문에 멈췄어. 근데 인간 놈들이 '임무 완료'래.

야 씨, 그건 인간 생각이고!!! 사실상 버린 거잖아!!!

역시, 인간 놈들이 가장 나빴어.

인간 놈들… 복수할 테야…!

로버들의 정모

스피릿과 오퍼튜니티 때의 교훈으로 큐리오시티와 퍼서비어런스는 원자력 전지 이용하는 탐사 로버를 화성에 보냈대요.

잘하면 탐사 로버들끼리 마주친 적도 있었겠네요…? 오퍼튜니티도 2019년까지 움직였으니까!

우왕~!

야, 나두!!

나, 지구에서 왔어!

헐? 나도!

그건 불가능합니다.

정색

아, 오빠?!

엥?! 왜요?! 오며 가며 만났을 수도 있잖아!

1초에 4~5m 겨우 움직이는 애들을 굳이 겹치는 동선으로 탐사시킬 필요가 있을까요…

요맨큼!

쳇! 낭만 없는 가성비 타령이다!

휙!

탐사 로버 하나 만들어 화성까지 보내는 돈이 얼만데…
가성비 따져야죠.

그런데 연권 님, 탐사선 말고 지금 화성에 가고 있는 존재가 있는 거 아세요?

오잉? 그건 또 무슨 소리?!

2018년 스페이스 X의 로켓 팔콘 헤비가 화성을 향해 시범 발사가 되었는데요~

아, 다누리가 탑재되었던 팔컨 9과 같은 스페이스 X 로켓이네요!

이 로켓에 테슬라의 로드스터가 실려 있었고, 이 운전석엔 '스타맨'이라는 마네킹이 타서 화성으로 향하고 있대요.

2020년 10월 7일 '스타맨'은 화성 첫 플라이바이에 성공했다.

DON't PANIC!

나도 못 타본 오픈카를 마네킹이 타다니… 킹받네?!!!

역시 인류 기술 발전은!

뭐야?! 저 선명한 사람 얼굴은?!

화성인들이 자기 얼굴을 본떠 건설한 인공 구조물인가?!!

©NASA

이놈의 인간들은 툭하면 음모야!! NASA, 사실은 시각적 착시라고 해명해줘!

야, 저거 B라고 쓰여 있는 거 아니야?

진짜 화성에 지적 생명체가 있는 거 아니야?!

너네까지?!!!

소설 '화성의 공주'에서 화성인들이 화성을 바숨(Barsoom)이라 불렀는데… 소설이 아니었던 건가?!!

칼 세이건, 당신마저…

인류 기술 발전은 너드(nerd)들이 진행한 거라니까? ㅋ

nerd. 지능이 뛰어나지만 강박관념에 사로잡혀 있거나 사회성이 떨어지는 사람을 이르는 말

부록

화성

- 지름 : 6,779km
- 질량 : 지구의 0.1배
- 자전 : 1.03일
- 공전 : 686.9일
- 위성 : 2개
- 태양까지 거리 : 1.5AU(약 2억km)
- 주요 탐사선 : 마리너, 바이킹, 패스파인더, 스피릿, 오퍼튜니티, 큐리오시티

화성의 대기는 주로 이산화탄소로 구성되어 있으며 계절에 따라 변화한다. 표면에는 화성은 계곡, 협곡, 우뚝 솟은 올림푸스 화산 등이 있다. 과거에 화성에 액체 상태의 물이 흐른 흔적이 발견되었다. 지속적인 탐사로 잠재적인 거주 가능성과 과거 또는 현재 생명체에 대한 탐색을 하고 있다.

21장

세상에서 가장
영향력 있는 화성?

세계에서 가장 영향력 있는

오잉? 화성의 달…
아, 위성 말이군요.
몇 개예요?

연권 님~ 화성에 달이
몇 개인 줄 아세요?

데이모스

포보스

정답은 두 개!
얘네는 각각 데이모스랑 포보스라고
불리는데요~ 이름의 어원은….

아!
포보스는 알아요!!!

[포보스 선정]이 딸이에요

맨날 이상한
순위 발표하는 곳이죠?

그런데
화성의 위성이
저런 걸 왜
발표하는 거야?

제, 제가요?

연권 님!!
그건 포보스!!!!

왜 부끄러움은
우리 몫인가!!!

포브스: 미국의 출판 미디어 기업이자 경제잡지로 순위를
발표하는 것으로 유명
데이모스와 포보스: 그리스 신화에서 아레스와 아프로디테의
쌍둥이 아들

178

제우스는 공사다망했네

그리스 신화 이야기 나온 김에
한 가지 더 이야기하자면, 태양계에서 가장
거대한 산이 무슨 산인지 알아요?

음 글쎄요…
지구에서 가장 높은 산이
에베레스트인 건 아는데…

그것도 기준에 따라
다르다고 알려드리고 싶네…

에베레스트

마우나케아

해수면 위로의 높이가 아닌, 바닷속 높이를 포함하면
하와이 마우나케아가 에베레스트보다 높다.

정답은 화성의 올림푸스 화산이에요.
에베레스트나 마우나케아에 비하면 2.5~3배의
거대한 화산이죠.

에베레스트 높이는 해발 8,849m

그만한 산이 지구에 있었으면,
성층권을 뚫고 올라갔을 만한 높이!

오오~ 역시 신들의 산은
다르구나!!!

제우스는 그러니까 금성에서
지구까지 번식활동하러 왔다 갔다
했다는 거죠…?

그 올림푸스가
저 올림푸스 아닐 수도
있습니다만…?

지구상에 올림포스(올림푸스)로 명명된 산은 그리스, 튀르키예,
사이프러스 공화국, 미국에 존재한다.

179

떠나자, 화성으로!

많은 이들이 이미 알다시피,
이미 화성 이주 계획을 추진 중인 스페이스X.

우리 화성으로
갈 수 있습니다!

멀지 않았어요!
2050년까지 갈 겁니다!

그냥 가는 것이 아니라
우리는 화성 식민지 독립하게
될 것이고, 올림푸스 화산을
관광하게 될 것입니다!!

우리 돈으로 그러니까 좋냐?!!!

으 쓱!

하지만 스페이스X의 이 이주계획에 전문가들은…

현재 기술로는
에반데…

에바라고.
있는 지구나 잘
가꾸라고!

에반데…

에바 : 정도를 넘어 지나치게 행동한다는 뜻

… 삼진 에바로
기각 각인데요?

아, 가능하다니까요?
믿어 보라니까요????

뭘 믿고
자꾸저래?

스페이스X는 일론 머스크가 설립한 미국의 우주 탐사 기업이다.
우주 비행을 더 저렴하고 효율적으로 만들어 우주 개척을
활성화하는 것이 목표다. 재활용 가능한 팔콘 로켓 시리즈,
운송용 드래곤 우주선, 화성 이주 스타십 프로젝트, 작은 위성을
사용한 인터넷 서비스 스타링크 사업을 진행한다.

그 외 매 달의 이름을 황도 12궁에서 따온 라틴어와
산크리리트어로 부른다고 함.

이 달력이 실제로 사용되는 날이 오길 기다려봅니다.

화성에 가져갈 것

화성 이주에 대해선 사실 한국의 일반 사람들도 은근히 관심 많아요.

연권 님이 말하는 화성이 설마 수원 화성은…

아닙니다.

맞아, 맞아. 몇 년 전인가, 미국의 화성 탐사 연구기지에 한국 연예인들이 가서 생활하는 예능도 있었잖아?

나 그거 정말 재미있게 봤는데!

무엇더라?

tvN 9부작 예능 프로그램 "갈릴레오 : 깨어난 우주" (뒷광고 아님)

어느 부분이 제일 재미있었어요?

지구에서 모의로 화성과 같은 환경을 만들어서 미션을 수행하는 것도 신기했고요~ 무엇보다…

으음…

제일…

김치를 보니까 엄마 생각이 벌써 나버리고요

하… 타지에서 김치는 못 참지…

연예인이나 일반인이나… 사는 건 다 똑같다는 새삼 깨달은 거?

그건 굳이 화성이 아니어도 느낄 수 있는 감정 아닙니까?!!!!

어이없어!!

2008년 ISS로 (방사선 멸균처리가 된) 김치와 라면이 이미 배달된 바 있으니 한국인들 걱정 마시길(?)

왜 그는 화성에 진심인가

테슬라 대표 일론 머스크는 스페이스 X를 설립해 2029년까지 인류를 화성에 이주시키는 '화성 이주 계획'을 발표했다. 많은 이가 아직은 시기상조이며, 무모하다고 하는 이 계획에 왜 그는 진심인 것일까? 정확히 말하자면 일론 머스크의 최종 목표는 단순한 화성 이주가 아닌, 인류가 다행성 종multi planet species이 되는 것이다.

그의 주장에 따르면, 지구에서 현 인류는 두 가지 갈림길에 서 있다. 첫 번째는 현재처럼 지구에서 영원히 머무르다 피할 수 없는 멸종을 맞이 하거나, 두 번째는 우주에 진출한 문명이 되어 여러 복수의 행성에 터를 잡고 살아가는 다행성 종이 되는 것.

그는 후자가 인류가 선택할 수 있는 올바른 선택지라 생각하며, 태양계 내에서 다행성 종이 되기 위한 선택지는 다음과 같은 이유로 극히 제한적이라 현실적으로 화성이 자립 문명으로 성장하는 데 적합한 것이라고 주장하는 것이다.

1. 달 : 갈 수는 있지만, 대기도 없고 지구보다 작기 때문에 다행성종이 되기 어려움
2. 수성 : 태양에 너무 가까움
3. 금성 : 거리상 가장 가까우나, 초고압의 뜨거운 산성 행성이라 부적합
4. 목성/토성 : 태양으로부터 훨씬 멀리 떨어져 있어서 가기 어려움

지금의 기술력으로는 천문학적인 자금이 투자되더라도, 탐사가 아닌 인류가 이주하는 것은 그저 SF영화 속 이야기이다. 하지만 수 세기에 거쳐 인류가 우주로의 진출 직전까지 기술을 발전시켰듯, 포기하지 않고 노력한다면 우리의 후손들이 태양계 전반을 집터로 활용하는 날이 오지 않을까? 물론, 그런 날이 올 수 있도록 지금 우리가 사는 지구 환경을 더 이상 훼손하지 않고 잘 보존하는 것이 최우선의 과제겠지만 말이다.

22장

목성이 가라사대!

목성이 59년 만에 지구와 가장 가까운 시기가 찾아왔습니다!

이번엔 오포지션도 겹쳐서 가장 밝은 수준의 목성을 볼 수 있죠!

훗… 많이 봐 둬라. 2129년에야 또 가까워지니까.

오포지션: 지구가 목성과 태양 사이에 위치하는 현상

그리고 이건, 최근 JWST가 촬영한 목성! 근적외선 카메라로 찍은 거예요!

어머… 저게, 나?

크으~ 영롱하다! 기존에 보던 목성과는 색다른 모습!

©NASA

그럼, 이번 주제는 목성으로 해보심이?

좋아요~ 좋아요~ 물 들어올 때 노 저어야지~!

화인 연권 님… 은근슬쩍 소행성대 스킵하시는데…

그러면 목성!!

울꾀!

넘어간 것이 아닙니다. 소행성대는 카이퍼벨트와 묶어서 돌아온다… (변명)

크고 묵직해

유사한 공포증으로는 심해 공포증이 있습니다.

목성은 큰 크기와 질량 때문에 중력도 강한데요, 그래서 소행성대에 행성이 만들어지지 못했다는 이야기도 있어요.

아, 목성이 잘못했네~

내가?!

하지만 알고 있나요, 연구원님?

음?

그 중력에 소행성 대부분이 끌려가서 목성 덕분에 태양계 내행성들이 안전하다는 사실…

괜찮냐, 녀석들아?

목성형님!!

쯧… 쓸 대 없는 짓을 하고 있군!

아니 연구원님, 지난번부터 왜 자꾸 그러는데!!

아무튼, 목성 덕에 태양계 내행성대는 오늘도 평화로운지도?

고기 품은 행성

많은 사람들이 목성을 기억할 때, 큰 크기와 바로 이 대적점을 특징으로 삼죠.

아잉~

1665년 카시니가 이 대적점을 처음 발견했을 땐 목성의 거대한 분지라고 생각했는데, 보이저 2호가 탐사해 본 결과 시속 500km의 거대한 태풍으로 밝혀졌죠.

이 몸은 지구가 들어갈 정도로 거대하지!!

현재 크기가 많이 줄긴 했지만, 여전히 거대해서 이 망원경으로도 대적점이 보인다고 생각하면 보이는 것 같은걸요?

…그거 사기 아니야?

2019년 주노 탐사선이 이 대적점의 깊이가 목성 구름 꼭대기 기준으로 350~500km라고 파악했는데요. 폭과 깊이를 고려하면 대적점은 뚱뚱한 팬케이크를 닮았대요.

오오~ 팬케이크~

그런데, 왜 내 눈엔 삼겹살 오도독뼈 처럼 보이죠?! 배고프게?!!

굴뚝이 뽁돈다!

아악! 소주 생각나는 말 하지 마세요!!!

아무튼, 목성을 보고 배가 고픈 건 자연스러운 현상인 걸로!

나도 있어!

태양계에서 아름다운 고리로 유명한 행성은 단연코 토성이죠.

짜잔!

그런데 사실! 목성에도 고리가 있습니다! 그것도 3개나!

통!!

정확히는 목성형 행성은 다 고리를 가지고 있어요. 다만 토성이 유별난 거죠.

엥, 그래?

심지어 천왕성도 고리가 있는 걸요?

앗! 스포하지 마세요!!!!

아, 미안- 천왕성에 대한 건 나중에 더 자세히 다루는 걸로!

190

저는 목성 하면 역시 갈릴레이가 생각나요.

엥? 토성이 아니라요? 토성 고리 보고 토성에 귀가 달렸다고 했다면서요?

아니~!!! 그땐!!! 그렇게 보였다고!

목성엔 1610년 갈릴레이가 발견한 4개의 자연 위성이 있는데 사람들은 이 4개를 '갈릴레이의 위성'이라고 불러요.

오~ 들어본 것 같아요!

쟤네가 천동설을 뒤집는 초석이 되었지!

태양계 행성의 위성 중 가장 거대한 '가니메데'

으어어어!! 화가 난다!!!!

내가 수성보다 크지롱!

지금도 화산활동이 일어나고 있는 '이오'

내 표면 얼음 아래 물 있다!

그리고 천문학자들에게 더러운 얼음이라고 불리는 '칼리스토'

얼지 않은 물이 있어 생물이 존재할 가능성이 있는 '유로파'

내 별명 왜 저래?!!!!

이오, 유로파에 비해 그렇게 보인다고 한다.

… 전부 제우스의 연인 이름이네요. 아, 또우스가 또…

내가 이름 붙인 거 아니다?!!!

목성의 영문 이름인 주피터(Jupiter)는 제우스를 상징한다.

부록

목성

- 지름 : 139,822km
- 질량 : 지구의 318배
- 자전 : 9.9시간
- 공전 : 4,333일
- 위성 : 95개(2023년 기준)
- 태양까지 거리 : 5.2AU(약 8억km)
- 주요 탐사선 : 파이어니어 10~11호, 보이저 1~2호, 갈릴레오, 주노

목성은 주로 수소와 헬륨으로 구성된 고체 표면이 없는 가스 거인이다. 눈에 띄는 특징인 대적점은 수세기 동안 존재해 온 대규모 폭풍이다. 강력한 자기장을 가지고 있어 광범위한 고리와 수많은 위성에 영향을 미친다. 목성의 빠른 회전으로 인해 편원형 모양이 생기고, 극 부분은 편평해지고 적도 부분은 불룩하다.

23장

목성의 시시콜콜

알맹이

목성의 질량과 크기가 엄청나서 굉장히 단단한 행성 같지만,

단단

단단

따닥

엥? 아니에요?

사실은 대부분 수소로 이뤄졌어요. 이런 행성을 '가스형 행성'이라고 하는데, 목성이 대표적 예여서 '목성형 행성'이라 말하기도 하죠.

에게 돼맥!

나머지는 가스!!

그러니까 순~ 거품… 아니, 가스였네요? 실망이야.

쉬익

쉬익

아니, 실망할 것까지야!!!

아니긴 뭐가 아닙니까~

푸엣취~

그러니까 사이타마가 재채기할 때 날아갔지.

으앗!! 스포 그만해요!!!

사이타마: 만화 "원펀맨" 주인공으로 머리카락과 맞바꾼
희대의 사기 캐릭터

약약강강

그리고 또, 목성덕에 태양계 내행성이 안전하다고 했잖아요?

그랬죠?

찌개 듬어가고 싶다...

그래서 지금은 선량한 목성이지만, 만약 목성 위치가 달랐다면 사악한 목성이 되었을 수도 있어요.

뭐죠? 목성, 투페이스라도 돼요?

목성이 수성이나 금성 궤도에 위치했으면, 태양 중력에 힘입어서 다른 행성들을 모조리 튕겨냈거든요...

우오앙   오오우...

목성은 행성을 튕겨

와.. 목성... 적으로 돌리고 싶지 않은 행성이다... 친하게 지내요...

무서...

뭐래! 나는 약한 자에게 약하고, 강한 자에게 강한 행성이라고!

195

자전

목성은 또 색다른 점이 있는데, 목성의 태양 공전은 12년이에요.

음… 묵직하니까 왠지 그럴 수 있을 것 같아요.

헤에~

하지만 자전 속도는 9.9시간밖에 안 된다는 것!

잘가욥!

삐잉!

쒸~잉!

완전 팽팽 돌잖아!!! 무게 때문에 가속도 붙은 거예요?!

묵직하고 거대한데 속도는 엄청난 것이… 마치…

우 음 …

진짜… 마동석 같아.. 절대, 적으로 안 돌려야지…

꿀꺽!

씨익~

상큼하게 터져볼래?

여기서~ 퀴즈!
목성과 지구 중 나이가 더 많은 건
누구일까요?

크기로 보면(?) 목성이
당연히 형 일 것 같은데~

또…
태양과 가까이 있는 걸 보면 지구가
먼저 생겼을 것 같기도 하고?

어… 음… 지구?

땡!!!
목성입니다!

두뇌 풀가동!

항성계는 성운이 원반처럼 돌면서
만들어지는데 이때 항성이 되지 못한 물질들이
행성이 돼요. 목성만큼 커다란 행성은 적어도 태양보다
3배는 큰 별에서 만들어지는데, 태양은 목성을
행성으로 갖기에는 질량이 너무 작아요.

이히~

먼 소린지~

그래서 천문학자들은
태양과 목성이 동시에 생긴
것으로 추정하고 있어요. 어쩌면
목성과 태양은 쌍성이
될 수 있었을지도?!

그럼 둘이 동시에 만들어졌는지,
아니면 태양 다음에 만들어진 건지
아직 모른다는 거네요?!

순키

A secret makes a
Jupiter Jupiter…
비밀은 목성을 더
목성답게 만든다.

쉬잉~

언젠가 진실이 밝혀질 그날을 기다립니다!

빅 이벤트

목성에 관한 빅이슈 하면
역시 그걸 빼놓을 수 없죠! 바로-

"슈메이커-레비 9 혜성 충돌 사건"

때는 1994년 7월,
미국 팔로마 천문대의 슈메이커 부부와 레비가 발견한
혜성 '슈메이커-레비 9 혜성'이 목성의 궤도로
들어가서 목성과 충돌하는 우주쇼가 있었죠.

그런 뉴스를
봤던 것 같기도 하고~

1994년 7월 17일
새벽 4시 50분 이 충돌이
허블 망원경뿐만 아니라,
목성 탐사선 갈릴레오호에
의해 지구로 실시간
중계되었죠.

얼른
초특급 목격!

©NASA/ESA

그때 저흰 아직 보행기에
매달려 있던 시절이라~

분하다!!!

히히! 난 봤지롱!

아… 그걸
우주쇼라고 하다니-

나는 그때
연속 충돌 당해서
아팠는데…
섭섭한데요…

아젠…

다음에 더 멋진 우주쇼를 기대해보아요!

신들의 신이냐, 흉신이냐

목성*은 그 압도적인 크기로 그리스 신화에서 신들의 신인 '제우스'를 상징하는 천체란 것은 너무나 유명한 사실이다. 그리스뿐만 아니라, 옛 중국에서도 목성에 신의 이름을 붙이긴 했는데 제우스와는 반대로 흉신의 이름을 붙였다는 점이 매우 흥미롭다.

옛 중국은 목성의 공전 주기가 약 12년이란 점에서 착안하여 목성을 십이간지를 담당하는 천체 '세성', '태세'로 불렀다. 문제는 도교에선 이 이름이 땅속에 붉은 곰팡이에 수천 개의 눈이 달린 기이한 형태로 살며 사람을 헤치는 요괴 '태세'와 같아, 목성은 태세성군으로 불리며 흉신의 상징이 되어 불길하고 두려운 천체가 되었다는 점이다.

전달하는 이미지야 서로 다르지만, 예로부터 목성이 신처럼 압도적인 천체로 여겨졌다는 것은 변함없는 사실 같다.

---

*   목성 반지름 58,232km, 지구 반지름 6,371km

24장

토성은 인기쟁이!

목성 다음으로 태양계 행성 중 두 번째로 크며, 지구가 764개나 들어가는 토성.

내 안에… 지구, 764개 있다…?

저게 대체 언제적 유행어야…

크기에 비해 표면 중력은 지구와 유사하고, 이상하리만치 밀도가 낮은 행성이죠.

에게? 별거 아니네??

피식!

오죽하면 천문학자들이 "토성을 담글 수 있는 거대한 욕조가 있다면 토성은 물에 뜰 것이다!"라고 말했겠어요?

"둥실" 둥실"

해과 고리는 빼고!

… 사람들이 절대 확인할 방법 없으니 막 던지는 말은 아닌지?

팩트에 근간한 말 이거든요?!

천문학자들을 어떻게 보고!!!

그동안 당한 게 있어서 그래요.

고리 업데이트 기록

토성의 상징하면 역시, 고리! 이걸 최초로 발견했던 1609년 갈릴레이는 고리를 귀라고 생각했고,

다시 말하지만, 그 당시 과학기술로 저걸 본 자체가 대단한 거야!

이게, 나?!

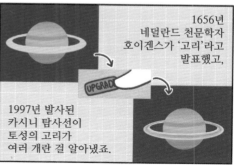

1656년 네덜란드 천문학자 호이겐스가 '고리'라고 발표했고,

1997년 발사된 카시니 탐사선이 토성의 고리가 여러 개란 걸 알아냈죠.

No, we don't need permission to dance~

토성은 자전축이 26.7도 기울어져 자전하고 공전하는 모습이 지구에서 보면 춤추는 듯한데요~

오오?! 진짜 그렇네?

운이 아주 나쁘면 관측 시 토성 고리가 안 보일 수도 있다는 것, 명심하세요!

그건 운이 좋은 거야, 나쁜 거야?!!

양치기

토성의 고리는 유달리 레코드판만큼 선명하죠.

요즘 어린이들이 레코드판을 알까요?

모르는 어린이는 주변 어른들에게 물어보세요!

매에~

토성의 고리가 선명한 이유는 '양치기 위성'들 덕분인데요~

양치기 위성이요?

고리보다 살짝 안쪽을 빠르게 도는 위성과, 고리보다 살짝 바깥을 좀 더 느리게 도는 위성 덕에 그사이 위성들이 균형을 잡고 있는 거죠. 이 위성들을 '양치기 위성' 이라고 해요.

판도라

프로메테우스

ⓒNASA

어쩐지 위성 주제에 거짓말 잘할 것 같고…

늑대가 나타났다아아아!!!!

아니 그 양치기는 아니라니까요?!

양치기 위성은 토성 고리의 소중한 길잡이랍니다!

토성 고리는 얼음덩어리와 암석으로 이뤄져 있어요.

크기는 모래알 크기부터, 산만한 것들로 다양하죠~

그런데, 카시니-하위헌스 탐사선이 2017년 토성의 고리를 이루는 물질이 토성의 강한 자기장으로 인해 토성 대기로 흡수돼서 초당 1.5톤씩 없어지고 있단 걸 알아냈어요.

초 당 그렇다고요?!

지금의 속도라면, 3억 년 안에 토성의 고리가 없어질 수도 있다고 하네요.

고리가 없는 토성이라니… 상상도 못 하겠네요.

지구인들~~~!!

빨리 나를 보러 와요!!!!!!!!

어찌 보면 지금이 토성보기 최적의 시기일지도 모릅니다!

연구원님~
토성의 북극을 위에서 보면
이런 육각형으로 보이는 거,
알고 계셨나요?
1980년 보이저 1호가 처음
발견했죠.

우와?!!
완전 신기해!!!

©NASA

그 뒤 30년간 이 육각 형태가 유지되어 전문학자들의
육각형에 대한 광기는 더욱 커져만 갔다.

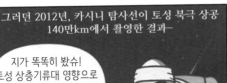

그러던 2012년, 카시니 탐사선이 토성 북극 상공
140만km에서 촬영한 결과-

지가 똑똑히 봤슈!
토성 상층기류대 영향으로
약 2만km 상공에 형성된
소용돌이를 지 두 눈으로
똑똑히 봤슈!

이건 카시니 탐사선이 초기 찍은 사진과
최근 사진인데요~

푸른색에서 금색으로
변했네요?!

그건 바로, 토성 북극을 비추는
태양 빛이 증가해서라고 해요!

©NASA

다음엔 나의
영롱한 육각형이
어떤 색으로 바뀔지,
기대하라굿?

토성은 관측 행사 때 인기 만점인 천체죠.

오~ 왜요?

그건 토성의 고리가 망원경으로도 잘 보이기 때문인데요~

우와~! 아빠!! 토성 고리가 보여요! 신기해!!

토성이 마치 반짝반짝 빛나는 황금 눈동자를 닮았어요!!!

아이의 눈엔 그렇게 보일 수도 있구나~

나도 볼래!

음? 내 눈엔 돼지 콧구멍을 닮았는데?

와… 반박 못하겠다…

당신의 눈엔 토성이 어떤 모습으로 보일까요?

207

부록

토성

- 지름 : 116,464km
- 질량 : 지구의 95배
- 자전 : 10.6시간
- 공전 : 10,756일
- 위성 : 145개(2023년 기준)
- 태양까지 거리 : 9.6AU(약 15억km)
- 주요 탐사선 : 파이어니어 11호, 보이저 1~2호, 카시니

목성과 유사하게 토성은 단단한 표면이 없는 가스 거인이다. 대기는 주로 수소와 헬륨으로 구성되어 있다. 토성의 고리는 수많은 얼음과 암석 입자로 구성되어 있다. 토성의 북극에서는 독특한 육각형 폭풍 패턴이 관찰된다. 토성은 두꺼운 대기를 지닌 타이탄을 포함하여 다양한 위성을 보유하고 있다.

25장

○○부자, 토성?

민쯩 까 봐

토성은 다른 행성들처럼 태양계가 생성될 때 태어났어요. 그럼 토성의 고리는 몇 살 일까요?

그냥 태어날 때부터 있던 거 아니에요?

최근 토성의 고리는 생성된 지 고작 1억년밖에(?) 안되었다는 주장이 나왔는데요~

1억년이 '고작' 취급받는 천문학적 단위, 어메이징…

카시니호가 보내온 데이터를 분석해보면-

토성 고리의 질량이 생각보다 무겁지 않고, 얼음 상태도 비교적 깨끗하다는 것이 그 증거죠!

MIT

영롱~

버력!

꺄!

그래서 신상 고리를 너 혼자만 하고 있냐?

아직까진 가설이지만 흥미로운 주장이니 참고만 하세요!

살짝 쿵

토성은 고리를 빼고서도 태양계 행성 중 목성 다음으로 크지만,

너만 없으면!

돌아라!!

쌔

앵

세턴 토네이도~!!!!

고리가 있는 축이 더 길어 약간 타원형이다.

그거, 사실인 거죠?
지구 평평이들처럼 가설 아니죠?!

지구도 사실 약간 타원형이라고 하면, 사기꾼으로 몰겠네…

사실, 우주에 완벽한 구체는 없습니다.

크기뿐만 아니라, 목성과 토성은 많은 위성을
가진 것으로도 비교되는데-

뀨?

아, 자꾸 재랑
비교하지 마!

2019년, 스콧 셰퍼드가 토성에서 20개의 위성을
더 발견해 총 82개가 되어 목성을 제치게 되었죠.

여기가 위성
노다지구나!!!

이의있소!
새로 발견된 건 5km도 안 되는
작고 희미한 거라면서!!
그렇게 치면, 나도 위성이
훨씬 많다고!

그래? 그럼 작은 것까지
다시 계산할까?

그렇게 치면,
내 고리를 이루고 있는
알갱이들도 위성으로
쳐야 할 텐데, 괜춘?

으아아아!!!!!
비겁해!!!!

새로운 획기적 발견이 없는 한,
태양계 위성의 왕은 토성인 걸로.

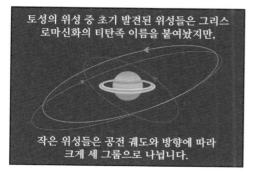

토성의 위성 중 초기 발견된 위성들은 그리스 로마신화의 티탄족 이름을 붙여놨지만,

작은 위성들은 공전 궤도와 방향에 따라 크게 세 그룹으로 나뉩니다.

이누이트 신화의 이름이 붙은 이누이트 그룹.

북극 근방에 이글루 짓고 사는 사람들!

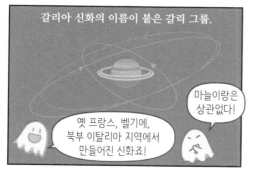

갈리아 신화의 이름이 붙은 갈릭 그룹.

마늘이랑은 상관없다!

옛 프랑스, 벨기에, 북부 이탈리아 지역에서 만들어진 신화죠!

끝으로 북유럽 신화의 이름이 붙은 노르드 그룹.

토르나, 오딘, 로키!

그래도 난, 7번 째로 큰 위성 미마스가 좋아요.

미마스

데스 스타

우와!!

닮았어, 데스스타랑!!! 제국군의 기운이 느껴져!!

아… 이 사람 오타쿠였지.

데스스타: 스타워즈 시리즈에 나오는 행성파괴무기로, 스타킬러 베이스 다음으로 세계관에서 가장 강한 위력의 무기.

타이탄

1655년 네덜란드 천문학자 하위헌스가 발견한
토성의 대표 위성 '타이탄'.

저 위성을
'토성의 위성' 이란 뜻으로
'사투르니 루나'라고
불러야지!

이름이 너무 기니까,
그리스 신화에 나오는
'타이탄'이라고
부릅시다!

음,
마음에 드네.

으악! 내
사투르니 루나가!!

태양계 행성의 위성 중 목성의 위성 가니메데
다음으로 제일 큰데, 타이탄을 유명하게 한 건
바로 극지방에 액체가 있다는 사실!

내가 또 봤슈!
타이탄의 극지방에 액체로
만들어진 바다와 강, 호수가
있는 걸 똑똑히 봤슈!

©NASA

타이탄의 온도 때문에
그 액체가 물이 아닌 탄화수소로
이뤄져 있다는 게 아쉽지만, 액체가
흐르는 환경 탓에 생명체 존재
가능성도 제기되고 있지요.

오오오!!!

진짜 이번엔 외계인이
살고 있을지도?!!!

생명체가
지적 생명체인건
아니라고 몇 번이나
말합니까!!!

하지만 희망의 끈을 놓지 말아보아요~

굿바이 카시니!

그런데, 토성에 관한 정보는 카시니호가 많이 알아냈네요? 토성 탐사는 카시니호만 갔나요?

아니요. 1979년 파이어니어 11호를 시작으로 여러 차례 탐사선이 갔지요.

그 중 카시니호는 1997년 발사되어 2004년 토성 궤도에 성공적으로 진입했죠. 이때 촬영한 사진들이 현존하는 토성과 위성의 자료를 대표한다고 해도 과언이 아니에요.

그 외에 타이탄에 부속 탐사선 하위헌스를 착륙시키고 125회 넘게 공전하며 조사하거나, 얼음 위성 '엔켈라두스'를 관측해 대기에서 수증기를 확인할 수 있었죠.

오… 대단하네!

카시니호의 연료가 바닥 나 2017년 9월 15일 토성에 충돌하는 마지막 임무 '그랜드 피날레'를 끝으로 그 활동을 종료했지만, 천문학계에 크게 기여한 것은 분명해요.

으아아!! 이 거지 같은 토성에 버려지다이이이이!!!!

탐사선들의 끝이 우째 다 그러냐…

카시니호의 의지를 이어받아 2026년 NASA에서 타이탄으로 보낼 탐사선 '드래곤 플라이'는 또 어떤 새로운 발견을 할지 기대되지 않나요!

ᄌ자 잔

2034년에 타이탄 도착 예정이라는데… 그때까지 지구는 안녕하겠지?

엔드 게임이 아닌 엔드리스 게임

토성의 위성 수가 82개라고 했는데, 2023년 2월에 목성이 그 수를 앞질렀고, 다시 3개월 뒤 토성의 위성 수가 145개로 늘어나 승기를 돌려받았다.

새로 확인된 위성의 대부분이 불규칙한 모양에 크기 또한 3km를 채 넘지 않으며 한 군데 모여 있듯 존재하는 것으로 보아 천체 충돌에 의한 잔해들이 위성으로 자리 잡는 다고 유추할 수 있다. 그렇다면 저 넓은 우주는 여전히 활발한 활동을 하고 있으므로 앞으로도 목성과 토성의 위성 수는 늘어날 수 있으니, 두 행성의 위성 수 대결은 결말 을 알 수 없는 태양계의 치킨 게임 같은 것이 아닐까?

26장

생긴 것과 다른 천왕성?

지난 2022년 11월 8일 간만에 국내에서도 관측할 수 있었던 개기월식이 있었죠!

우리도 관측 행사 진행했어요. 춥긴 추웠는데, 버틸만 했지롱!

그때 뜻하지 않게 핫해진 천체가 있었죠.

아 천왕성~

제 자리에 있다가 달에 가려지는 순간으로 "천왕성 엄폐"라는 키워드로 주목받은 천왕성!

스타는 그렇게 탄생하는 것인가!

아유~ 무슨 스타씩이나~

ⓒ이상훈

스타는 별… 별은 행성이 아니라고 도대체 몇 번 말해야 할까…

하아…

생각보다 큼

오?
천왕성의 겉보기 등급이
5.8로 생각보다 높네요?

겉보기 등급: 지구에서 측정되는 천체의 밝기 등급.
낮을수록 지구에서 잘 보임

네. 운이 좋으면
맨눈으로 희미하게나마
확인할 수 있어요.

오오~
멀리 떨어진 것 치곤
잘 보이네요?

당연하죠. 천왕성이 멀리 떨어졌지만,
반지름으로 따지면 태양계 행성 중 3번째로
큰 행성인걸요.

헉!!!

구오오...

그렇다면
지난 개기 월식 때,
달과 천왕성 두 천체가
같은 선상에 있었다면…
달이 천왕성에
가려졌겠네요?

그런 상황이 온다쳐도 지구와
달 거리가 엄청 떨어져 있다고
전에 이야기 한 것 같은데…

데헷!

219

다시 외워두세요

많은 사람들이 천왕성을 최초로 발견한 것을 윌리엄 허셜로 알고 있는데요.

오잉? 아니에요?

네! 천왕성 발견은 윌리엄 허셜과 그의 여동생 캐롤라인 허셜의 공동업적입니다!

하지만 여자라고 오빠 허셜만 인정받고! 기사 작위도 오빠만 받고! 캭! 더러운 세상!

심지어 발견한 망원경의 그 렌즈! 캐롤라인이 직접 갈아서 만든거다!!

크이이이이!

분노의 빡 빡 렌즈각기

캐롤라인은 천문학자로서 천왕성 말고도 여러 혜성과 성운, 성단을 발견했는데 그 중 대표적으로 NGC7789가 있지요~

아하 그래서, 캐롤라인의 장미 구나!

NGC7789: 카시오페이아자리에 있는 산개성단으로, 캐롤라인의 장미 성단으로도 불림
ⓒNASA

자, 이제부터 천왕성의 발견자를 캐롤라인 허셜과 윌리엄 허셜로 기억하십시오!

버르장머리

천왕성은 여러 가지 특징들로 주목받는 태양계 행성이에요. 그중 대표적으로는…

자전 방향과 공전 방향이 수직이라는 점이죠. 즉, 천왕성이 옆으로 누워 자전한다는 뜻이죠.

자전축이 기울게 된 것도 아직 미스터리지만, 자전축의 기울기 때문에 극 주변이 적도 주변보다 태양열을 받는데, 전체적인 온도가 균일한 것도 신기한 행성이에요.

아하−

어쩔티비?

아무튼, 유교 사상에 어긋난 행성이네요. 떼잉~! 버르장머리 없어라.

천문학적 사실에 유교 사상대입이요?

생긴 건 안 그런데

저는 태양계 행성 중에서 천왕성을 좋아하는 편이에요.

갑자기 분위기 사랑고백?

… 그냥 그리기 쉬워서 좋아하는구먼.

반들반들 생긴 게, 마치 민트 맛 사탕 같지 않나요? 헤헤~

아하~ 그런데 연구원님 그거 아세요?

저렇게 예쁜 천왕성의 대기가 사실은 황화수소로 되어 있다는 사실.

음… 그게 뭔데요?

황화수소는 무색 유독의 기체로…

지구에서 유사한 향을 굳이 찾자면, 썩은 계란, 방귀, 혹은 사람과 동물 사체가 부패할 때 나는 악취… 그 잡채!

끼야아아악!! 아름답지 않아!!!!

우웩…

천왕성, 우리 거리를 좀 더 두자…

악! 억울하다! 목성이나 토성 너네도 구름층에 황화수소 암모니아 있잖아!!

쿵! 연권 님~ 태양계 행성 중 가장 추운 행성은 어디게~요?

짝! 지금 이 타이밍에 물어보는 걸 보니, hoxy~ 천왕성?

딩동댕~ 맞아요~ 천왕성은 태양에서 제일 먼 행성이 아닌데도 태양계에서 제일 추운 행성이에요!

이힝!!.. 아, 찍었는데 맞췄다!

꽁꽁

천왕성은 핵을 포함한 주성분이 얼음으로 되어 있는 얼음 행성이에요. 적외선 관측 시 온도가 무려 −215도나 되죠!!

꽁꽁

오~ 어쩐지~

컬러가 겨울왕국 엘사 컬러더니!!!

렛 잇 코~♪ 렛 잇코~

엘사블루

예체능에겐 그리 보이는 겁니까?!!

확실한 겨울 쿨톤의 천왕성이었습니다.

천왕성

- 지름 : 50,724km
- 질량 : 지구의 15배
- 자전 : -17.2시간
- 공전 : 30,689일
- 위성 : 27개
- 태양까지 거리 : 19.2AU(약 30억km)
- 주요 탐사선 : 보이저 2호

천왕성은 수소, 헬륨 및 미량의 메탄으로 구성된 대기를 가지고 있다. 매우 기울어진 회전축을 가지고 있어 극심한 계절 변화를 일으킨다. 얼음 거인으로 분류되는 천왕성은 물, 암모니아, 메탄으로 구성되어 있다. 희미한 고리를 가지고 있다. 복잡한 내부 구조로 인해 자기장이 기울어지고 중심에서 벗어났다.

27장

시간을 달리는 천왕성?

시간을 달리는 행성?

와… 이게 뭔 소리냐…

왜? 뭔데?

천왕성은 자전 주기가 −17시간으로 나온단 말이죠? 오타인가 싶어서, 검색을 해봤는데도 전부 −17시간이래요.

잉~? −17시간…?

17시간이 있었는데, 없어졌습니다!

짜 잔!

오! 그러면 천왕성에 가면 시간이 줄어(?) 드는 겁니까?!

혹시! 천왕성은 다른 행성들보다 17시간씩 덜 자전(?)을 하는 게 아닐까?!!

그게 말이 된다고 생각합니까?!!! 본인들도 이해 못하고 막말하지 마세요!

벅! 꺽!

지구나 다른 행성들은 반시계 방향으로 자전해서, 태양이 동에서 서로 뜨지만,

천왕성은 자전축이 기울어져 있어 시계방향으로 자전하기 때문에 편의상 −17시간이라고 표현하는 것뿐이라구요!

쳇, 난 또.

그거, 전지적 인간 시점 표기 아닙니까?

맞아! 천왕성 입장도 들어봐야지! 이게 인문학의 폐해다!

그 인문학으로 먹고사는 사람들의 헛소리였습니다.

그런데 천왕성은 유독 저렇게 자전축이 기운 거래요?

아~ 그건, 여러 가지 가설이 있는데요.

그중 가장 유력한 것은 행성 충돌설!

하지만, 최소한 지구만 한 행성이 빠르게 부딪히고 가야 했을 텐데, 과연 어떤 행성이?

요즘은 또, 한 번에 저 각 나오기 힘들다고 최소 2차례 이상 부딪혔다는 설이 나온다죠?

뭐, 천왕성 가지고 포켓볼이라도 쳤대요?

펙!

다른 가설로는 질량이 큰 행성들 사이에 끼어 있어서 그렇다는 설도 있는데, 확실한 건~

확실한 건?!!

'아직 모른다.' 입니다!

그럼 그렇지…

천왕성 자전축 기운 이유가 밝혀지면, 전서구 날려주세요!

단면이 아닙니다

음… 아무튼 자전은 -17시간이고, 공전은… 뭐?! 84년?!!!!!

태양에서부터 약 30억km 떨어져 있으니 놀랍진 않네요…

그런데 천왕성은 90도로 기울어져 있으니까, 남극은 계속 낮이고, 북극은 계속 밤인 거 아니에요?!!!

헐?! 진짜?! 뭐 저렇게 극단적이람?!!

낮

밤

뜨꾼

자전축이 기울어져 있지만, 공전 방향은 고려하지 않는 겁니까?!! 대체 연구원님들은 자전과 공전이 뭐라고 생각하는 거예요!

에헷;;;

내 극지방이 태양을 바라보는 경우에만 지구의 백야 같은 현상이 일어나니, 안심하라굿?

쟁귄!

그래, 고리

이 만화에서는 천왕성 자전축을 나타내기 위해 고리를 보이게끔 그리고 있지만,

으액! 응

사실 천왕성의 고리는 먼지와 소량의 검은 얼음 알갱이로 이뤄져 있어서 태양 빛을 1%밖에 반사하지 못해요.

아 잔짜요? 그런데 어떻게 발견한 거래요?

헉!

아, 그건~

천왕성이 다른 별을 가리는 현상을 관측하던 중, 별빛이 천왕성에 가려지기 전에 여러 차례 밝기의 변화가 있었기 때문에 알게 된 거라고 해요.

그래서 지금까지 알려진 천왕성의 고리는 9개!

9개나 되는데 토성 하나 못 이기다니… 힘내!!

토성도 여러 개의 고리로 구성된 거, 까먹었습니까?!!

작명난

특징이라기엔 뭣하지만, 천왕성의 위성들 이름은 조금 차이가 있어요.

오잉? 뭐죠?

다른 행성들의 위성이 그리스나 북유럽 등 신화 이름으로 되었지만, 천왕성부터는 셰익스피어나, 알렉산더 포프의 문학에 나오는 이름들을 붙였거든요.

윌리엄 셰익스피어

알렉산더 포프 : 영국의 대표적 고전주의 시인.
대표작으로는 비평론, 인간론 등이 있다.

영국 관련 이름을 붙였다라…

그렇다면, 내가 만약! 위성을 발견하게 된다면!

그 위성에 닥터, 혹은 타디스라고 이름 붙여도 킹정 아닙니까?!!! 영국 문학작품이 되는데 영국 드라마가 안될 리가!!!

나, 블럼어?

그럴 일은 절대 없으니, 조용히 있어 주자.

만약, 위성을 발견하게 된다면 어떤 이름을 붙여주고 싶으신가요?

아무튼 그래서, 천왕성의 위성은 현재까진 27개로 알려져 있습니다!

와글

와글

타이타니아

오베론

그중 천왕성의 5대 위성이 있는데요, 타이타니아와 오베론은 윌리엄 허셜에 의해!

그렇소, 또 나오!

아리엘과 움브니엘은 윌리엄 라셀에 의해!

아리엘

움브니엘

허셜이 아니라, 라셀일쎄!

그리고 미란다는 제러드 카이퍼가 발견했다고 하네요.

허흠…

저에 대해선 카이퍼벨트에서 자세히 말하기로~

휴, 위성발견은 허셜네가 다 해먹은 건(?) 아니네. 무슨 천왕성 전문 가문인 줄…

천왕성으로 가자!

천문학의 발전은 놀라울 정도로 현재진행형이다. 본문을 연재할 당시만 해도 1986년 보이저 2호*가 천왕성의 대기를 스쳐 지나간 것이 유일한 탐사선의 방문이었다. 그런데 최근 NASA에서 처음으로 천왕성**을 목적지로 한 궤도 탐사선 UOP^{Uranus Orbiter} and Probe를 보낼 것을 발표했는데 이는 2032년까지 향후 10년간 최우선 기함급 임무로 추진된다고 한다.

▲ 보이저 2호

---

* 태양권 너머의 외행성과 성간 공간을 연구할 목적으로 1977년 8월 20일 NASA가 발사한 우주 탐사선이다. 보이저 프로그램의 일환으로 쌍둥이 보이저 1호보다 16일 앞서 발사되었으며 거대 얼음 행성인 천왕성 방문한 유일한 우주선이다. 1979년 목성계, 1981년 토성계, 1986년 천왕성계, 1989년 해왕성계를 방문하는 주요 임무를 성공적으로 완수했다. 태양 탈출 속도를 달성해 세 번째로 태양계를 떠난 우주선이다.

** 태양계의 일곱 번째 행성이다. 핵은 얼음이며, 지표는 액체 메테인, 대기는 수소와 헬륨으로 이루어져 있다. 평균 기온은 −224℃이고, 중력은 지구의 88%다. 평균 반지름 25,362km

지구에서 멀리 떨어진 천왕성이 최우선 탐사지가 된 이유는 여러 가지가 있지만, 가장 큰 이유는 인류가 천왕성과 해왕성 같은 얼음 거성에 대한 지식이 부족하기 때문이라고 밝혔다. 그래서 이번 탐사를 통해 천왕성의 형성 과정과 궤도, 위성과 고리, 그리고 자기장과 내부구조 등의 미스터리를 밝히고 천왕성에서 거대 얼음을 발견하는 것에 목표를 두고 있다고 한다.

또한 천왕성을 탐사 결과가 해왕성 탐사의 지표가 될 수도 있다고 하니 부디 이 기나긴 탐사 프로젝트가 성공적으로 진행되어 다음 목표인 해왕성 그리고 태양계 밖까지 가는 데 안전한 청신호가 되어주길 바란다.

28장

해왕성의 공식설정은
아닙니다만...

꽤 멀리 떨어져 있는데 누가 발견한 건가요?

태양계의 공식 마지막 행성 해왕성!

해왕성의 공식 최초 발견자는 3명이에요.

프랑스의 위르뱅 르베르에가 해왕성의 위치를 계산하고, 독일의 요한 갈레와 하인리히 다레스트가 1846년에 관측에 성공했기 때문이죠.

오오~ 분업화!

1842년 마리 서머빌이 천왕성을 토대로 또 다른 행성의 존재를 주장하는 논문을 내고, 이를 바탕으로 존 쿠치 애덤스가 비슷한 시기에 계산을 해서 케임브리지 천문대로 보내긴 했는데,

천왕성의 궤도를 방해하는 가상의 천체에 대한 논문이었지.

너무 간략하게 정리가 된 애덤스의 결과물에 더 정확한 해설을 요구하다가 실제 관측이 늦어져 해왕성 발견 영광을 빼앗긴 슬픈 전설이…

아니, 이렇게 간결하다고?

뭔가 누락된 거 아냐?

내가 설명을 잘못한 탓이죠, 머…

역시 인생은 실전인가?

그래서 존 쿠치 애덤스를 해왕성 발견자 이름에 올리기도 한답니다.

공식설정은 아닙니다만

하지만 그 이전에 해왕성을 관측한 이가 있었다면 믿으시겠습니까?

짠!

그것은 다름 아닌 갈갈이! 갈릴레오 갈릴레이!!!

당황

내가?!!!

당신은 1612년 12월 28일부터 이듬해 1월 27일까지 이 천체를 관측한 일을 기억하십니까?

아, 목성의 위성을 관찰할 때 본 항성이군요.

음...

바로 당신이 관측한 이 천체가 해왕성이었습니다!

두둥

뭣이!!!

깜짝!

그렇게 당신은 해왕성 최초 발견자 공식 타이틀을 놓쳤습니다!!!

ㅇㅇ—아아ㅏ....

역시 인생은 실전이네요.

비슷해요

천왕성과 해왕성은 유사성이 많은 행성이에요.
딱 보기에도 크기가 비슷하고요.

예에잉!

뭐래...

굳이 따지자면 내가 쬐끔 더 크지.

고리를 가지고 있고, 둘이 비슷하게
물과 암모니아, 메탄으로 이뤄져 있어 −214도라는
얼음 행성인 점도 닮았죠.

둥절

너와! 나의! 연결! 고리!!

아하! 그렇게 닮았기 때문에 천년의 백합 커플인
우라노스와 넵튠이 탄생한 건가요!!

그런 이야기는
침대에서나 하자.

꺄!

세일러 우라노스와 세일러 넵튠: 세일 문 시리즈의 등장인물로
대놓고 백합 커플이기에, 국내 공중파에서 방영 당시 대사 변경과
편집이 많이 되었다.

진짜 어디 가서
천문대 직원이라고
하지 마십시오,
당신은!!!!!!!!

버럭!

하지만 클래식과 다름없는 세일러 우라노스와,
넵튠을 응원합니다.

짜잔! 이 사진 좀 보세요. 이게 뭐게요?

음? 토성 아니에요? 고리가 저토록 선명한데?

©NASA

그래, 또 날세!

놀랍게도! 해왕성입니다! 2022년 7월 12일 제임스웹 우주망원경이 근적외선 카메라로 찍은 거죠.

짜잔!

와! 대박!!!

사실 해왕성의 고리가 촬영된 건 이번이 처음은 아니에요. 1989년 보이저 2호가 해왕성을 근접 비행하면서 이미 한차례 찍었거든요.

©NASA

나도 없는 근적외선 고리 사진을 가지고 있다니… 부러운 녀석!!!

그때부터였나요, 둘 사이가 멀어지기 시작한 것이…

해왕성은 엄청나게 빠른 움직임이 있는 대기를 가지고 있어요. 사실상 태풍급이죠. 아니, 그 이상!

그으래..?

에이~ 그래봤자 대기인데요?

"피닉"

약 시속 2,100km로 지구의 소리가 전달되는 속도인 음속보다 거의 두 배나 빠른 대도요?!!

엑?!! 해왕성에 가면 서 있지도 못하겠네?!!!

가스형 행성이라 애당초 서 있을 순 있고?

그런데, 소닉의 최고 속도가 마하라고 하던데~

아, 진짜?

갑자기?!

마하가 시속 몇인데?

몰랑!

그럼, 해왕성 대기랑 소닉이랑 누가 더 빠르게 움직이는 걸까!

불쾌...

천문학적 팩트와, 2차원 생명체의 속도를 왜 비교하는거죠?!!

굳이 비교하자면 마하 = 시속 1,234km = 지구 음속이므로 해왕성 대기가 더 빠릅니다.

아직

혹시, 해왕성도 천왕성처럼 자전 방향이 시계방향인가요?

그건 아니에요. 지구처럼 반시계 방향으로 자전하고 있어요.

28°

그리고 덧붙여 이야기하자면, 자전속도는 지구보다 빠른 16시간이랍니다.

16시간!

오~ 하루가 짧은 행성이네요.

미, 미안...

얘, 빨리 돌아;;;

하지만, 태양과 가장 먼 행성답게 공전 속도가 매우 느려서, 지구 기준으로 계산하면 공전주기가 165년이랍니다.

165년이라고요?!!

그러면, 인류가 발견하고도 해왕성 기준에선 아직 1년도 안 된 거?!!!

그래서 지구인, 너네랑 아직 내외하는 중이야.

때박!

해왕성과 지구인이 어서 친해지길(?) 바라요!

241

해왕성

- · 지름 : 49,244km
- · 질량 : 지구의 17배
- · 자전 : 16.1시간
- · 공전 : 60,182일
- · 위성 : 14개
- · 태양까지 거리 : 30.1AU(약 45억km)
- · 주요 탐사선 : 보이저 2호

해왕성은 지구보다 약 17배나 크며 태양계에서 목성, 토성, 천왕성에 이어 직경이 4번째로 큰 행성이다. 태양으로부터 여덟 번째이자 가장 멀리 있는 태양계 행성이다.

해왕성의 대기는 주로 수소와 헬륨으로 구성되어 있으며, 이는 거대 가스 행성인 목성과 토성의 구성과 유사하다. 또한 미량의 메탄, 수증기, 암모니아 및 기타 탄화수소가 포함되어 있다. 대기에는 시속 1,200마일(시속 2,000km)이 넘는 고속 바람이 분다.

해왕성은 토성의 고리보다 더 희미하고 눈에 잘 띄지 않지만 눈에 띄는 고리 시스템을 가지고 있다. 회전축에 대해 기울어지는 강한 자기장을 가지고 있다.
해왕성의 위성 중 가장 큰 것은 역행 궤도를 돌고 질소 가스를 분출하는 간헐천이 있는 독특한 위성인 트리톤이다.

29장

명확히 해줘, 해왕성!

지지마

목성의 상징으로 대적점이 있듯이, 해왕성엔 대흑점이 있어요. 거의 같은 남반구 표면에 있고 대흑점 위엔 메탄과 얼음으로 된 새털구름이 있어서 도드라져 보이죠.

하지만 전에 말했듯, 해왕성의 대기는 매우 빠르게 움직이고 있어서 허블 망원경이 2015년 발견했을 때 긴 지름이 5,000Km였는데

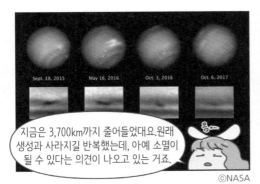

Sept. 18, 2015   May 16, 2016   Oct. 3, 2016   Oct. 6, 2017

지금은 3,700km까지 줄어들었대요. 원래 생성과 사라지길 반복했는데, 아예 소멸이 될 수 있다는 의견이 나오고 있는 거죠.

©NASA

대흑점아! 힘내! 지지마!!

아니, 생명체도 아닌데 왜 감정 이입인데요…

이것이 문과와 이과의 차이인가…

얼마 안남았다!

갑작스러운 말이지만,
모든 별은 언젠가 죽습니다.

와 진짜
갑작스럽네요.

그러니 언젠가
태양도 죽습니다.

적색 거성

행성상 성운

백색
왜성

태양 정도의 질량을 가진 별은
100억 년 정도 수명을 다하고 나면
백색왜성으로의 진화단계에
돌입하는데요-

백색왜성: 태양 정도 질량을 가진 별이 죽은 후 중심핵의 축퇴압과
중력이 평형을 이루어 천천히 남은 열과 빛을 우주공간에
방출하는 단계

문제는 적색거성 단계에서 태양이 수성이나 금성까지
부풀게 되고, 이 영향이 지구까지 미칠 수 있단 거죠.

뭣이?!!!

뭐, 해왕성 정도 거리의
거대기체 행성들은 괜찮을지도?

적색거성: 중심핵의 수소연료를 모두 소진한 별이 더 무거운
원소들을 연소하며 붉게 팽창하는 시기

그거, 한마디로 말하자면
인류멸망도 가능하단 거?!

그게 대체 언제죠?!

얼마 남지 않았어요. 태양이
적색거성으로 접어드는 건 …

45억 년 정도?

새삼,
천문학자의
숫자 개념은
일반적이지
않다는 것을
깨닫게 되네?

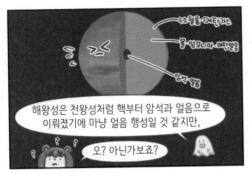

수소·헬륨·메탄가스

물·암모니아·메탄얼음

암석·얼음

해왕성은 천왕성처럼 핵부터 암석과 얼음으로
이뤄졌기에 마냥 얼음 행성일 것 같지만,

오? 아닌가보죠?

대기가 불안정하기 때문에
천문학자들은 얼음 고체와 액체가 뒤섞인
슬러시 형태의 메탄 행성일지도 모른다는
추측을 하고 있어요.

음웅!

오호…
슬러시 형태의
메탄이라…

이런 느낌일까나?
넘어져도 아프진 않겠네~

헤이!!! 그건 메*몽!
메탄은 이거!!!

Hey!!

만약 가게 된다고 하더라도, 대기 속도
때문에 탐사 자체가 무리라니까요?

그러니까 떨어져도
슬러시니까 아프진
않겠다는 거잖아요?

···

천문 연구원은 노답 연구원과 대화하기를 포기했다.

246

J가 싫어합니다

아직 탐사가 많이 이뤄지지 않은 해왕성이지만, 그래도 현재까지 총 14개의 위성이 발견되었어요.

그 중 12개를 내가 발견했지롱!

오~ 꽤 많네요?

해왕성의 자전 방향과 동일한 궤도로 도는 일명 "규칙 위성"으로는 나이아드, 탈라사, 데스피나, 갈라테아, 라리사, 히포캄프, 프로메테우스가 있죠.

그리스 신화에서 따온 건가?

그리고 해왕성의 자전 방향과 반대로 도는 "불규칙 위성"들도 있는데 트리톤, 네레이드, 할리메데, 사오, 라오메데이아, 네소가 이에 해당하죠.

통일성 있지 못하게 왜 반대로 돌고 난리람?

워워~ 파워 J 연구원님 워워~

하지만 앞으로 공평하게 불규칙 위성이 2개 더 발견된다면…?

명확히 하세요!

그런데 말입니다… 우리는 불규칙 위성 중 '트리톤'을 눈여겨볼 필요가 있습니다.

그것이 알고싶다?!

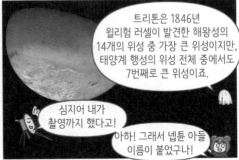

트리톤은 1846년 윌리엄 러셀이 발견한 해왕성의 14개의 위성 중 가장 큰 위성이지만, 태양계 행성의 위성 전체 중에서도 7번째로 큰 위성이죠.

심지어 내가 촬영까지 했다고!

아하! 그래서 넵튠 아들 이름이 붙었구나!

©NASA

뿐만 아니라, 모든 위성의 질량 중 99.7%를 트리톤이 차지할 정도로 밀도가 높은 행성인데, 이상하게 해왕성의 자전 방향과 다르다? 뭔가 이상합니다.

제가요?

다수의 천문학자는 트리톤이 사실 해왕성 너머 카이퍼벨트에 있는 천체였지만, 해왕성의 중력에 포획되었다는 주장을 펼치는데요….

뭐요?!!!

아니! 해왕성 아들이 좀 반항적일 수도 있지! 왜, 우리 해왕성을 납치범에, 트리톤을 배다른 자식으로 만들어요!

나… 아빠 아들 아니야…?

아직 정확히 밝혀진 게 아니니 앞으로 지켜보자, 트리톤!

드디어 등장!

간만에 돌아온~~~ 천문대 퀴즈!!!

해왕성은 태양계 행성 중 이심률이 낮기로 유명한 행성이에요.

이심률: 물체의 운동이 원운동에서 벗어난 정도. 낮을수록 원에 가깝다.

그러다 보니, 해왕성과 반대로 이심률이 상당한 타 천체와 궤도가 겹친 적이 있었다는 놀라운 사실!

헉?! 어떤 천체길래?! 부딪히는 거 아니에요?!

궤도가 겹치긴 했었지만, 사실 그 천체와 해왕성은 서로 다른 각도의 공전궤도면을 가지고 있어 충돌할 확률은 거의~ 없답니다!

그 천체가 뭐죠?!

그 천체는 바로바로…

134340!!!!

드디어 등장인가!

두둥!

명… 아니, 134340의 슬픈(?) 이야기는 다음 장에 이어집니다!

미니 해왕성의 발견?!

천문학 콘텐츠를 제작하다 보면 이따금 '미니 해왕성'을 발견했다는 뉴스를 심심치 않게 볼 수 있다. 어떻게 된 일일까? 정말 작은 해왕성을 발견했다는 것일까? 그것도 여러 개나?

사실 이건 진짜 작은 해왕성을 발견했다는 것이 아니다. 인류는 그동안 태양계 밖에 있는 외계 행성을 5천 개 넘게 발견했다(2022년 기준). 그중 35%의 외계행성이 해왕성이나 천왕성과 유사한 얼음 가스형 행성인데, 그중 해왕성보다 작은 얼음 가스 행성을 통칭 미니 해왕성Mini-Neptune, 혹은 난쟁이 가스행성으로 부른다. 반대로 지구 같은 암석형 행성은 4%밖에 되지 않는데 그중에서 지구보다 큰 암석형 행성을 슈퍼 지구Super Earth, 지구의 10배를 넘을 경우엔 메가 지구Mega Earth라고도 한다.

그리고 최근 케임브리지 대학 연구진이 새로 정의한 하이션 행성hycean 이 있는데 미니 해왕성과 슈퍼 지구 중 표면이 바다로 덮여 있고 대기가 수소 등으로 구성되어 생명체 서식 가능성이 높은 외계 행성을 뜻한다.

우주는 지구조차 그저 창백한 푸른 점으로 보일만큼 넓다. 그중 인류가 발견한 외계 행성은 아직 고작 5천여 개. 앞으로 발견될 수많은 외계 행성 중 하이션 행성인데 골디락스 존에 있으며, 인류와 비슷하거나 혹은 인류를 뛰어넘는 문명을 가진 외계 종족이 있을 확률은 생각보다 꽤 높을 것 같다. 다만, 인류의 기술로 그 외계 종족을 찾아낼 확률이 낮을 뿐. 언젠가 기적처럼 그 외계 종족과 지구 인류가 조우하는 날을 꿈꿔 본다. 물론, 그 외계 종족이 인류에게 우호적이라는 전제하에.

30장

134340, 아듀 명왕성

134340

지구의 달 보다도 작은 (구)행성 (현)왜행성인 '134340'

이 천체의 슬픈 이야기는 1906년으로 거슬러 올라갑니다.

퍼시벌 로웰과 그가 세운 천문대의 젊은 알바생 클라이드 톰보는 천왕성과 해왕성의 궤도에 영향을 미치는 미지의 행성을 찾는 프로젝트를 시작했어요.

톰보, 약속해다오.
네가 그 행성을 찾겠다고.

로웰 씨, 저는 일개
알바생인데요?!!

하지만 로웰은 1916년에 사망하게 되죠.

유지를 이어받아 탐색을 계속하던 톰보는 1930년 2월 18일 마침내 이 미지의 행성을 발견하게 됩니다.

보이십니까! 제가!
드디어 찾아냈습니다!

이 행성이 태양계에서 제일 멀리 떨어졌기에, 지하세계의 왕인 '플루토'라 명명한 톰보는 그 뒤 캔자스 대학교에서 학사와 석사 학위를 취득해 진정한 천문한자로 거듭났죠.

오호! 선 업적, 후
공부였단 거군요?

1997년
사망한 톰보의 화장하고 남은
뼛가루 28그램은 명왕성 탐사선
뉴호라이즌스 호에 실려
우주로 나가게 되었습니다.

죽어서도
명왕성에 진심인 사람이었기에
명왕성을 찾을 수 있던 거네요.

어떻게 찾았대?

명왕성은 태양계 후반에 있는 목성형 행성과 달리, 지구와 같은 암석형 행성이에요.

오~ 그래서 저 하트 무늬가 선명하게 보이는 거군요? 내 눈으로도 보고 싶다.

참고로 이 하트 부분은 '톰보 지역'이라 부른다고?

행성 자격이 박탈되기 전까진 태양에서 가장 먼 행성이었기에 맨눈으로 볼 순 없고, 반드시 망원경이 필요해요.

톰보가 그 당시 관측한 사진이 있는데 보실래요?

태양계에서 가장 멀기도 먼데, 크기도 달보다 작은 걸 대체 톰보는 어떻게 발견한 거죠?

음…

그렇게 쉽게 찾는다면 톰보 이전에 누군가가 명왕성을 발견했겠죠?

대체… 뭐가 다른 건지…?

© public domain

255

쌍둥이?

명왕성은 작은 크기지만 5개의 위성을 가지고 있어요. 카론, 닉스, 히드라, 케르베로스, 스틱스라 불리죠.

역시 그리스 신화에서 저승 혹은 죽음과 관련 있는 이름이네요.

카론: 저승 망자의 강 뱃사공 / 닉스: 밤의 여신
히드라: 불사신 물뱀 괴물 / 스틱스: 저승의 여러겹 강 중 하나
케르베로스: 저승 입구를 지키는 머리3개 달린 개

그 중 카론은 직경이 1,200km로 명왕성의 절반 크기이기도 해요.

우왓?! 하트 무늬 아니면 못 알아볼 뻔?

자전주기와 공전주기가 모두 같아서 항상 서로의 한쪽 면만 보고 있기도 해요.

이건 1994년에 허블 우주 망원경이 찍은 사진인데요, 일부 천문학자들은 명왕성과 카론을 이중 왜행성으로 보기도 하죠.

그럴싸하네요?

©NASA

하아… 그래, 나 위성만도 못해서 내 자리도 빼앗긴 찌질한 천체다…

아무도 그렇게 말하지 않았어!

이유

그런데, 위 설명까지 보면 명왕성이 행성 자격을 박탈당한 이유를 모르겠는데요?

그건 2006년 국제 천문연맹이 내린 행성 정의 때문이에요.

??

??

으음...

[행성 조건] 1. 태양 주위를 공전해야 한다.

음 이건 충족하죠. 248년 걸리긴 하지만.

[행성 조건] 2. 둥근 모양을 유지할 수 있을 정도로 충분히 질량이 커야 한다.

동그랗고, 하트모양까지 있으니 데코 포인트도 줘라!

그런 거 없습니다.

짜자

단

[행성 조건] 3. 공전 궤도 상의 천체 중 지배적인 중력을 가진다.

어… 지난 회에 명왕성이 해왕성과 궤도가 교차한다고 하지 않았나…?

빙고! 그래서 행성에서 탈락! 넌 이제부터 134340이다!!!

억울해!!!

이게 무슨 손병호 게임도 아니고!

카——악!

명왕성 행성 직위 박탈에서 이 인물을 빼놓을 수 없죠. 바로 마이클 브라운!

짠!

안녕하세요, 전 명왕성을 죽인 놈으로 기록될 거예요~

대체 무슨 짓을 했길래?

별거 아니에요. 그저 공동 연구팀원들과 함께 당시 명왕성 바깥에 있는 천체 36개를 찾아냈었죠.

하하하 하하

36개나?!!

그 중 '에리스'라는 천체가 있었는데 이게 명왕성보다 컸고, 이게 발단이 되어 명왕성의 행성 자격 논란이 벌어졌고, 2006년 국제 천문연맹이 행성에 관한 새로운 정의를 내려 명왕성이 왜소행성으로 분류되었죠.

비~~석!

그게 너였냐!!!

사실 명왕성의 행성 지위 논란은 그 전부터 있었지만, 국제 천문학계가 톰보 생전에는 논의하지 말자고 합의했기에 타이밍이 딱 떨어졌을 뿐일지도?

내 말이.

그 후 전 세계의 명왕성 행성 지지자에게 항의받았다던데 괜찮습니까?

괜찮아요. 전 플루토 킬러니까요! 자세한 건 저의 저서 '나는 어쩌다 명왕성을 죽였나'를 봐주세요!

이 사람… 즐기고 있네

실제 마이클 브라운의 트위터 아이디도 @plutokiller이다.

다시

그런데, 134340은 다시 행성이 될 순 없을까요?

음… 민감한 부분이긴 해요.

NASA 뉴호라이즌스 임무를 이끈 앨런 스턴 박사를 비롯한 사람들이 명왕성 행성 직위 박탈을 반대하고 있긴 한데…

국제천문연맹이 만든 행성 정의는 과학적 이치에 맞지 않다! 성급해!

탕!

앞으로 이 논란은 당분간 계속될 것이지만 한 가지 확실 한 것은 –

???

나는 나의 길을 가련다!!!!

지구인이 '명왕성'이라 하건, '134340'이라 하건 어쨌거나 저 천체는 지금도 우주에서 자신의 궤도를 돌고 있다는 사실.

아하…

134340

· 지름 : 2,374km
· 질량 : 지구의 0.0022배
· 자전 : 248년
· 공전 : 6.4일
· 위성 : 5개
· 태양까지 거리 : 50AU(약 59억km)
· 주요 탐사선 : 뉴 허라이즌스

　구 '명왕성'인 134340은 해왕성 너머 카이퍼 벨트의 일부인 왜소행성으로 분류된다. 134340은 주로 질소, 메탄, 일산화탄소로 구성된 얇은 대기를 가지고 있다. 타원형 궤도를 갖고 있어 공전주기 동안 태양에서 멀거나 가까워진다.

　134340의 위성은 5개다. 그중 카론이 가장 크고 상호 조석 고정 회전을 나타낸다.

31장

우주, 이렇게 끝?

소행성이세요?

지구 놈들이 새 행성 조건에 맞지 않아
행성이 아니게 된 134340.

왜! 내가 왜 소행성인데!!

음… 하지만,
행성의 조건을 두 개 충족하고 있으니
명왕성 같은 천체는 왜소행성이라고 합시다.
그럼 괜찮지?

지구 놈들
너네 마음대로
이랬다가 저랬다가!!!
그믐드 으즈므니!!!

팀장님, 그럼 얘도 왜소행성입니까?
저렇게 생겼는데?

어, 저렇게
울퉁불퉁하다는 건
질량이 작다는 건데…

나, 나는…

소행성 아이다!

소행성
'아이다'라고!

아,
왜소행성이야?

저런 개그를
그리다니,
연구원님도
이과 놈(?)
다 되었네요!

이걸 이해하고 하고 피식했다면 당신도 훌륭한 이과 놈입니다.

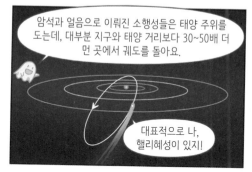

암석과 얼음으로 이뤄진 소행성들은 태양 주위를 도는데, 대부분 지구와 태양 거리보다 30~50배 더 먼 곳에서 궤도를 돌아요.

대표적으로 나, 핼리혜성이 있지!

천문학자 에지워스와 제럴드 카이퍼는 핼리혜성처럼 공전주기가 200년보다 짧은 단주기 혜성의 집합소가 있을것이라 추측했어요.

분명 저 혜성들은 어딘가 고향(?)이 있어서, 꼬리가 되는 얼음과 암석을 공급받을 거야!

1949년

1951년

그들의 제안으로 여러 천문학자가 탐색해본 결과, 1992년 소행성 1992QB1을 시작으로 당시 명왕성보다 먼 소행성이 발견되기 시작했죠.

그 이후 매년 10개 이상의 소행성이 발견되었고, 사람들은 이 도넛모양의 황도면 부근 천체 밀집 영역을 '카이퍼 벨트'라고 부르기로 했습니다.

134340?

카이퍼 벨트

오호~ 그런데, 문과인 저는…

해왕성

왜 이름이 '카이퍼' 벨트인지 신경 쓰이는데요? 에지워스는요?! 무시해요?!!

A.K.A Kuiper-Edgeworth belt 로도 불립니다.

사실 근처에도 있었어

음, 그럼 모든 소행성은 지구에서 꽤 많이 떨어져 있네요. 그럼 SF재난 영화처럼 지구에 부딪힐 확률은 거의 없겠네요.

콰앙!!

아직은 태평...

아, 그렇지 않아요. 화성과 목성 궤도 사이에 소행성들이 집중적으로 분포되어 있는 소행성대가 있거든요.

저렇게 가까이?!!

태양계 형성 초기에 많은 미행성체가 목성 중력에 의해 행성으로 성장하지 못하고, 태양 주위를 공전하며 충돌과 병합을 반복해 형성된 것으로 추측되는 이 소행성대는-

여전히 목성의 중력에 영향을 받기 때문에 내행성을 위협할 정도는 아니에요.

내가 지키고 있다구?

듬직하네.

그렇다면 저 소행성대는 카이퍼벨트의 튜토리얼 버전인 건가요?

어... 맞는 것 같지만, 틀린 것 같기도 하고?!

벨트 그 너머가 끝?

그럼 카이퍼 벨트가 이 태양계의 끝인가요?

안녕히 가십시오, 여기서부터 태양계 끝

그것도 그렇지 않아요. 카이퍼 벨트 너머 가상의 천체집단이 존재하거든요.

공전주기가 200년 이상 되는 장주기 혜성의 고향이자, 먼지와 얼음이 태양계 밖에서 둥근 껍질 모양으로 결집한 이 천체집단은 태양으로부터 약 30,000~100,000AU에 이르는 것으로 추정돼요.

오르트 구름

1AU=태양과 지구의 평균 거리=약 149,600,000km

천문학자들은 이 가상의 천체 가설을 처음 제기한 천문학자 얀 오르트의 이름을 따 "오르트 구름"이라고 부른답니다.

아얏!! 저 알아요!!!

세상에… 일본에서 "혜성"으로 떠오르고, "오르트 구름"으로 역주행을 하다니… 이 얼마나 천문학적 수미상관인 윤하 유니버스인가!!!

혜성: 일본 애니메이션 '블리치' 3기 엔딩곡으로 쓰이며 일본에서 윤하를 '오리콘의 혜성'이라 불리게 한 곡

노래의 의미

그런데 아무리 들어도 '오르트 구름' 노래를 들어도 제목이 왜 오르트 구름인지 모르겠어요.

그건, 저도 인터뷰에서 봤는데 오르트 구름을 지나가는 보이저호가 화자라고 해요.

잉? 갑자기 보이저호?

1977년 9월 1일에 발사된 보이저호는 천문학적으로 여러 기록을 갖고 있어요. 인류가 만들어 가장 멀리 떨어져 있는 물체이며, 가장 먼 곳에서 지구를 촬영하기도 했고요.

아! 창백한 푸른점!

그런 보이저호가 2013년 9월 13일 태양계를 벗어나 성간 우주로 나갔다는 NASA의 공식 선언이 있었어요. 오르트 구름이 정말 실존한다면, 약 300년 후 보이저호는 오르트 구름에 진입하여, 약 3만 년 동안 항해하겠죠.

아무도 가본 적 없는 미지의 공간으로의 항해를 응원하는 가사로 보면, '오르트 구름'만 한 제목이 또 없지 않을까요?

가슴이 웅장해진다!!!

그렇게 '사건의 지평선'과 함께
천문대 사람들이 떼창 가능한 노래가 탄생했습니다.

오르트구름까지 해서 태양계 이야기가 끝났네요!

천문대 일상 이야기에서 여기까지 오다니…!

신난다!

그동안 수고 많으셨습니다!

물론 아직 은하나 성단, 성운, 블랙홀과 퀘이사 같은 딥스카이에 대한 이야깃거리가 무궁무진하게 많지만!

으악!! 더 이상은 무리다! 제 머리가 못 버텨요!

캑!

후루루루…

오… 그럼 다시 웹툰은 쉬는 겁니까?

일단 '한낮의 천문대'는 태양계 편 이후 잠시 쉬어가려 해요. 열심히 천문학을 공부해야죠.

무슨 소리!!

기대하쇼!

나는 다시 돌아온다! 그리고 내가 가장 자신 있는 전공 분야로 돌아올 것이다!!

전공 분야면… 삽질?

언젠가 다시 우주와 천문대 이야기로 찾아뵐 때까지 몸 건강히 잘 지내세요!

인스타그램에 업데이트 되는 자유 연재작도 많은 사랑 부탁드립니다(@todays_hwain).

267

만화로 배우는 잡학지식, 잡학툰

한낮의 천문대

만화로 배우는 상상자극 천문대, 지구, 태양계 이야기

초판 1쇄 발행 2024년 02월 10일

글 · 그림 김화인

펴낸이 최현우 **기획 · 편집** 최현우

디자인 박세진 **조판** 안유경

펴낸곳 골든래빗(주)

등록 2020년 7월 7일 제 2020-000183호

주소 서울 마포구 양화로 186 LC타워 5층 514호

전화 0505-398-0505 · **팩스** 0505-537-0505

이메일 ask@goldenrabbit.co.kr

홈페이지 www.goldenrabbit.co.kr

SNS facebook.com/goldenrabbit2020

ISBN 979-11-91905-53-3   03000

*파본은 구입한 서점에서 바꿔드립니다.

우리는 가치가 성장하는 시간을 만듭니다.

골든래빗은 가치가 성장하는 도서를 함께 만드실 저자님을 찾고 있습니다.

내가 할 수 있을까 망설이는 대신, 용기 내어 골든래빗의 문을 두드려보세요.

apply@goldenrabbit.co.kr